平行与竞争

双循环时代的中国治理

翟东升 著

COUNTERPART AND COMPETITION:
CHINA'S GOVERNANCE IN
THE DUAL CIRCULATION AGE

人民东方出版传媒

东方出版社

图书在版编目（CIP）数据

平行与竞争：双循环时代的中国治理 / 翟东升 著 . —北京：东方出版社，2021.7
ISBN 978-7-5207-2235-3

Ⅰ.①平⋯　Ⅱ.①翟⋯　Ⅲ.①国家—行政管理—研究—中国　Ⅳ.①D630.1

中国版本图书馆 CIP 数据核字（2021）第 097305 号

平行与竞争：双循环时代的中国治理
（ PINGXING YU JINGZHENG: SHUANGXUNHUAN SHIDAI DE ZHONGGUO ZHILI ）

作　　者：翟东升
责任编辑：王学彦　窦若鹏
出　　版：东方出版社
发　　行：人民东方出版传媒有限公司
地　　址：北京市西城区北三环中路 6 号
邮　　编：100120
印　　刷：北京市大兴县新魏印刷厂
版　　次：2021 年 7 月第 1 版
印　　次：2021 年 8 月第 2 次印刷
开　　本：880 毫米 ×1230 毫米　1/32
印　　张：8.5
字　　数：154 千字
书　　号：ISBN 978-7-5207-2235-3
定　　价：65.00 元
发行电话：（010）85924663　85924644　85924641

大胆地拥抱平行时代

所谓平行，是指 2010 年夏以来美国在科技、经贸、资本等各个领域与中国的"脱嵌"进程不断加速，愈益决绝，导致原本统一的世界市场体系正在逐步分裂为两个相互平行、相互竞争的体系。这两个体系之间的互动模式仍然有待建构和探索，一部分外围国家试图同时与两个核心保持往来，对此应采取排他性政策还是予以足够的宽容度？该以相对收益和零和博弈来构思竞争还是应该满足于自己绝对收益的最大化？双方的竞争重心会在产业和科技上还是在军事与安全上？那些在两大体系之间骑墙套利的第三方会受到何种对待？这些塑造 21 世纪中期基本面貌的重大时代性问题的答案，不取决于中国的美好愿望，也不取决于美国的一意孤行，而取决于中国、美国以及若干重要的第三者之间多主体博弈之后找到的均衡解。

自序部分将系统地阐述我对以下三个问题的认识：为什么

要勇敢地拥抱平行时代？平行时代的大国竞争将走向何方？中国应该如何积极应对平行时代的大国竞争？

一、重回平行时代

纵观当今世界的国力对比，中美之间的差距正在缩小，而两者同其他强国的差距正在拉大。从具体的国力指标来看，中美在许多指标上各擅胜场。

在很多指标上，中国已经或者正在超越美国。比如制造业的增加值，商品和服务的总出口量，以该国为最大贸易伙伴的经济体的数量，中等收入群体规模①，汽车年销售量，智能手机产销量，互联网用户人数，线上经济 B2C 市场的规模，理工科大学生人数，国内消费市场规模，能源和资源的消费量，全球五百强企业的数量，高超音速导弹、无人机等塑造新一代战争形态的武器装备，高铁、5G、数字货币技术等等。

在某些指标上，美国仍然处于领先地位，而中国紧追其后。比如 GDP 总量，互联网巨头的数量和市值，线上经济 B2B 市场的规模，独角兽企业数量，人工智能领域的论文数量和技术水

---

① 关于中等收入群体和中产阶级的定义方式，学界有很多争论。我认为卡内基金会 2015 年的一项研究对此问题很有启发：凡是拥有家用汽车或者类似生活水平的群体，就属于广义的中产阶级。这个定义方法巧妙地避开了货币购买力的国家间差异和年份差异，具有较好的国际比较功能。

平，全球排名前一万的大学数量，高被引学者的分布，博士生人数，高被引论文与国际专利数量，公私部门研发总支出，中央政府的财政支出规模，军费支出规模，海军舰艇的总吨位，航母和隐形战机的数量，卫星导航系统等等。上述各个指标都是美国第一，中国第二，而其他国家则已经（或者正在）与这两者拉开巨大差距。

当然，还有一些指标表明，美国在此方面排在第一，而中国连第二还没有排到。在这些指标上，某些经济体排在中国之前，比如对国际留学生的吸引力（英国），货币国际化份额（欧元、英镑、日元），在国际组织中的影响力（法国），国际舆论场上的话语权（英国、俄罗斯），核弹头数量（俄罗斯），飞机、高级机床和芯片等高科技工业制成品的设计生产能力（欧盟、日本）等等。

概括起来，我们不难发现，在大国竞技场上，欧盟、日本和俄罗斯等玩家只能在个别指标上吃老本，而中国已经被世界上多数观察者视为同美国一个量级的全能选手。中国领先的指标主要集中在硬件方面，而美国领先的指标主要集中在软件方面；中国以规模取胜，而美国在高质量领域仍然有优势；中国以增量追赶，而美国以存量见长；中美之间一旦发生经贸、科技脱钩，美国目前领先的那些指标也将出现坍塌。

而且更加重要的是，中国已经超过美国的那些指标，未来被美国追回来的可能性非常小；中国落后于美国的那些指标中，有许多可能在 2035 年之前陆续追赶上，比如 GDP 总量、财政开支、军费开支、高科技投入等等。

我们一贯希望出现多极化局面，但是世界的现实可能正在向双中心格局演进。我们过去所讨论的全球化，是以美国为核心的世界经济一体化，然而双中心格局的出现，使原先的国内国际条件不复存在。

2011 年夏，在一个国内学术会议上，我过早地提醒大家"'美式全球化'已经终结，逆全球化时代正在悄然到来"，当时遭到了学界同行的一致批判。2014 年，在凤凰卫视的一档电视节目中，我主张中国必须主动而有节奏地"去美国化"，结果发现自己不得不再次经历"一人辩全场"的场景。2016 年之后，由于时任美国总统特朗普单方面挑起的贸易战，赞同我判断的学者越来越多。时至今日，连全球化最坚定的信奉者都已经动摇了他们的信心，因为拜登政府上台之后，所奉行的政策仍然是与中国的"脱嵌"。

其实，读过点世界史就不难明白，全球化是一种历史性趋势，曲折运动，有进有退，并与主导性帝国的兴衰相伴而行。上一轮全球化发生在 1870 年至 1914 年，当时是英帝国权势的鼎盛时期，金本位、自由贸易和英国海军优势共同支撑了世界市场体系的开放与繁荣，但是那也恰恰是中国持续衰落和贫穷化的时期。1914 年至 1945 年，这 30 年是逆全球化的 30 年，不仅全球贸易占 GDP 的比例持续下滑，而且整个世界经历了两次世界大战、一次大萧条和由此而来的贸易保护浪潮。1945 年至 1979 年，可以被称为"半球化"时代，也就是形成了两个平行的世界市场体系：一个是以美国为中心的西方资本主义体系，另一个则是以苏联为主导的东方阵营体系。1979 年之后的30 年，以美国为中心的体系不断扩张，而东方阵营体系则衰落瓦解直至被前者吸收，进入了美国的独霸时代，这个过程可以被称为"美式全球化"，或者说是整个世界的"美国化"。

刚刚过去的这一轮全球化浪潮伴随着美式自由民主和市场经济的全球推广，但是如今美国内部的自由和民主之间出现了背离，导致了"美式全球化"的逆转。1979 年以来的新自由主义全球化浪潮是由英美金融资本推动的，它在全球所创造的增量财富主要由华尔街和伦敦金融城以及美国西海岸的高科技机构所获得，但是这个世界上有些群体成为利益受损者，比如英美白人蓝领阶级：30 年来他们的名义收入没怎么涨，但是失业率、离婚率、破产率、吸毒率、犯罪率、自杀率都大幅上涨，这让他们觉得自己是全球化的输家。2008 年全球金融危机之后，作为罪魁祸首的美国金融部门并没有受到惩罚，反而借助量化宽松挣得更多红利，这引发其他阶级的普遍不满。2016年，当白人蓝领群体试图用民主赋予自己的选票来表达不满、改变命运的时候，发生了英国脱欧和特朗普胜选这样的政治黑天鹅事件。世界历史告诉我们，贸易战仅仅是全球化退潮期的一种常见症状而已，此外通常还有思潮极化、强人政治，乃至大国战争等并发症。

众所周知，中国是全球化时代的赢家之一，正因如此，许多人担心全球化逆转将不利于中国的继续崛起。在笔者看来，这种观点属于典型的刻舟求剑型思维。中国的成功之道在于与时俱进、锐意改革，而不是某些人认为的中国是靠美国的帮助才发展起来的。全球经济体系的统计数据告诉我们，开放本身并不能为发展中国家带来繁荣和富足，开放度与人均 GDP 之间没有明确的相关性。东亚发展道路中的开放，其主要价值在于有力地促进了各自国内的改革，中国的国内改革也往往需要"以开放促改革"。全球化时代我们当然应该搞改革开放，那时的改革是向西方学习工业革命与市场经济，那时的开放是向美国及其盟友开放。如今世易时移，我们要进一步深化改革和开放，但这个新时代的改革是社会主义市场经济制度的自我完善和独立探索，而新时代的开放则是以我为主的、面向全球的开放。春有百花秋有月，夏有凉风冬有雪。只要我们应对得当，与时俱进，那么每一个时代都可以是战略机遇期。

假如沿着此前的"美式全球化"道路走下去，融入美国权势所塑造的世界市场体系，中华民族伟大复兴是否能够实现？

我认为那是缘木求鱼。

在印度神话中，世上每个人都是梵天神梦境中的一个幻影，这个类比用以解释全球化和"美帝"体系非常适切。做梦的主体是"美帝"，做的梦是新自由主义全球化之梦，而所有的其他国家、企业、家庭、个人，都不过是这个梦境中的一个角色或场景而已。在以美元信用和美国消费市场为基础的"美式全球化"体系中，其他经济体的所有进步和努力，都会让美元的购买力更加强大，而美元信用的创造是无穷的，信用扩张的真正受益者是"美帝"。储备美元是有代价和限度的，而美联储资产负债表的扩张却可以是无穷的，与无穷相比，再大的一个绝对值其实都接近于零。因此只要这个体系在持续运转，其他国家就不可能在规模和质量上真正超越美国，这是由全球化游戏的结构和分工机制所决定的。二战后，无论是苏联、日本还是欧盟，其经济规模和竞争力都无法超越美国，原因即在于此。挑战者正常情况下是不可能战胜占据了体系中心的霸权国的，因为你挑战的不是霸权国本身的国民与国土，而是包括你自身在内的整个世界资本主义体系的力量和资源。许多人夸大了全球化给中国带来的好处，却不了解东亚出口导向型发展模式有其天然的结构性缺陷和增长天花板，更是有意或无意地忽略了"美式全球化"给中华民族及其执政党带来的长期代价和政治安全风险。

　　我经常跟我那些信奉全球化的朋友说，追随美国主导的全球化并从中谋利，如同从一个高息揽存的庞氏骗局中投资获利一样。你贪图的是他付给你的利息，他看中的却是你的本金。

　　世界市场体系的强大之处在于，短期内它可以带给追随者更好的福利和更多的交易机会，但是长期看将会"消化"外围追随者中的异质文明，包括其制度、语言和组织体系。当年美国寄希望于通过接触政策而和平演变中国，这种战略自信不是毫无根据的。如同古罗马时期的体系一样，外围国家的精英必然以讲拉丁语（英语）为荣、以能够移民至罗马（美国）为家庭梦想。而要跳出这个体系也非常难，因为大多数政府和领袖都难以承受离开体系的风险和困难。所以，只要保持在以美元信用和美国同盟结构为基础的新自由主义全球化体系中，中华民族伟大复兴就只是水中月、镜中花。2012 年之前，融入世界体系仅 30 年，中国先富起来的阶层中某些人便纷纷转移资产、转换国籍；如果继续随波逐流 300 年，那么汉字的存在都可能是存疑的，更不用说社会的稳定了。每念及此，尽管我自己作为一个典型的国际化精英而分享了全球化时代的不少好处，但内心总是深以民族前景为忧。

　　从这个意义上讲，特朗普政府的逆全球化行为，其实为中华民族伟大复兴打开了一扇机遇之窗。帝国的政治经济学本质是杠杆，而特朗普的所作所为就是主动为"美帝"去杠杆。他以一种自杀式的疯狂向全世界同时发难，以自鸣得意的食言而肥来营造不确定性从而牟取谈判中的短期好处，用各种"退群"和"推倒重来"让这个时代打上自己的烙印。我称之为牟取"违约红利"：借了信用卡不还，你相当于得到一笔红利，但是长期的代价将是昂贵的。他的这种倒行逆施相当于给全世界做"美国梦"的人们一个尖厉的"叫醒服务"。正是在这样的刺激之下，原先以美国为中心的辐辏结构正在发生快速变化，大国竞争的格局很可能再次回到两个平行的市场体系相互竞争的时代，或者说"半球化时代"。在两个平行体系相互竞争的新时代，中国经济独立并超越美国才是可能的，以我为中心的全球化才有机会。大礼不辞小让，与这样的战略机遇相比，局部的损失还算得了什么呢？

二、大国竞争的新格局

"天命无常，惟有德者居之。"从文明发展的角度讲，西方文明起源于古希腊罗马的海洋文明，挟新教与罗马教廷分庭抗礼之势崛起于大航海时代。之后，西方世界跑马圈地控制了大洋航道和广大殖民地市场，以此为基础孕育出了工业文明，给世界带来了人均产出的历史性增长。这是西方为世界所做的贡献，也正是靠了这个"德"，他们才拥有了 300 年全球性帝国的统治地位，其中前 200 年中心在伦敦，后 100 年迁于北美华盛顿特区，这类似于中国历史上西汉、东汉或者北宋、南宋的关系。

但是，所有的系统都会熵增，所有的王朝都会衰老。西方文明给世界带来的不仅是工业化的福音，还有人道灾难与惨重代价：贩卖黑奴与鸦片，杀戮北美洲与大洋洲原住民，对印度次大陆的奴役和剥削，对欧洲大陆国家的离岸制衡，对伊斯兰世界的分而治之和狂轰滥炸……在上升期，帝国似乎无须为这些恶行承担代价，而一旦进入帝国尾声，则所有的负面后果和报复力量都会汇聚到一起，成为摧毁帝国基业的洪流。

霸权周期的余波，仍然震颤着全球化时代竞争的大国，它也将随着平行时代的到来，掀起大国竞争中的大变局。

罗马式同盟的辐辏结构与格劳秀斯思想传统曾经使西方世界在全球化竞争中一度领先，却也为自己埋下了盲目自信的伏笔，以至于竟没能发觉与收益对等的风险——就像孟德斯鸠看到了罗马辐辏体系开疆拓土、同化文明的无往不利，却没能看到霸权杠杆背后通往修昔底德陷阱的险途。一位美国退休外交官曾与我探讨国际格局，他强调美国依靠的是阵营的力量而非自身的单打独斗，它可以调动全球各地盟友的总体资源而不仅仅是本土 3.4 亿人的能力。而我则回敬他说："美国的盟友体系本质上是利用自己的战略信用给自己的国力加了杠杆，而杠杆是有代价的，你们一旦未能兑现对某盟友的安全承诺，就会失去对其他盟友的战略信用，很可能会出现一夜之间众叛亲离的局面，类似于金融投资机构杠杆断裂被强制平仓（Margin Call）的场景。一群中小国家跟着你们鼓噪，能够为你们壮声势，这在相对和平的时期是可以的，但是到了对抗风险大幅上升而输赢难测的时候，尤其是当动用核武器和生化武器的绝对战争风险进入人们视野的时候，它们就很难再相信你们能'罩得住'了，因而你们也难以指望它们会愿意为你们火中取栗。因此，这个同盟体系的功能类似于给自己服用安慰剂和镇静剂，其作用就是让美国被虚假的信心所鼓励，走向大国决斗的大战略陷阱。"

而格劳秀斯思想传统在和康德思想传统斗争中的一时胜利——从古希腊和古波斯之间的斗争到 20 世纪美苏两个超级大国之间的制度竞争和意识形态冷战，使西方国家对制度改良不思进取，忽视了人类文明史上一直存在的，与之对立的、带有鲜明大陆色彩的制度和价值观体系也有其实践价值。个体价值本位在政治上表现为选举政治和三权分立，在经济上表现为私有产权和自由市场，注重自下而上的自由选择；集体价值本位将社会或国家视为一个生命有机体，主张个体应服从整体的需要，强调自上而下的管控、分配和动员。前者在市场竞争中拥有优势，后者在战争和危机应对中更占上风。前者诉诸人性中的贪婪趋利特质，通过因势利导的市场分工和竞争，促进优胜劣汰和整体福利提升；后者则诉诸人性中的避害本能以及集体主义认同意识，通过组织动员来激发一个群体的最大战斗力。在中国的春秋战国时期，这一对矛盾曾经表现为齐国与秦国之间的竞争：齐国的管仲改革主张利用市场力量来实现和平崛起，而秦国的商鞅变法则强调严刑峻法与耕战为本。最终，中国历史演进的结果是秦国统一天下。

200 多年前，自由主义的忠实信徒英国以其船坚炮利打开了世界各国市场的大门，以此为基础在英国吹响了第一次工业革命的号角（对市场同工业革命之间的关系，我的朋友文一教授已经有过非常充分而令人信服的论述）。全球化的幸运儿美国继承并发展了这一体系，通过 WTO（世界贸易组织）协定等一系列协定，扩大和深化了全球开放市场。与此同时，通过强势美元政策和消费主义文化的培育，美国国内市场成为全球第一大市场。这一市场对各类新奇而昂贵的商品的巨大胃口，成为美国科技创新的力量源泉，因为再昂贵的新奇产品，都可以在这个市场上找到足够多的买家。

冷战中跟着美国走的国家和跟着苏联走的国家，都搭上了科技创新的顺风车，但是那些游离在两大阵营之外的国家则相对贫穷和艰难。之所以出现这种现象，是因为超级大国的存在有其合理性：每个体系的中心与外围之间其实是一种共生关系，外围虽然会遭受来自中心的某种形式的剥削和压制，但是中心所汲取的一部分资源会转化为知识进步、科技创新和产业升级，然后通过贸易、投资和技术援助等形式反哺到外围地区。换言之，外围国家之所以愿意跟你走，是因为你能不断地带领它们提升生产力水平。从这个角度看，决定一个体系竞争力和生命力的关键，在于是否能提供持续的科技进步和创新。而创新是高风险、高成本的事情，因而在工业化和资本积累完成之前奢谈创新，就如同要求少年儿童去干成年人的重体力活一样，他们既干不出成绩，也不利于身体发育成长。

在全球化时代的国际分工中，或者说西方所能容忍的国际分工中，全球的研发类创新活动以前都集中在世界市场体系的中心或者准中心区域，包括美国、西北欧、日本、以色列、新加坡、韩国、中国台湾等地，而外围国家负责中低端生产环节。因此，发展中国家从农村转移出来的青壮年劳动力得到车间里的工作岗位，而西方的大部分年轻人可以在大学毕业之后获得写字楼里的体面工作。而在这种分工中，外围国家的大学毕业生，尤其是高端人才其实在国内是无用武之地的，因此其中一部分人如果想让自己的所学有所用的话，要么在数量大大缩减了的军工国企和科研机构中艰难度日，要么像印度和俄罗斯的优秀科技人才一样纷纷流向西方。

全球性大国对整个体系的贡献，除了体现在它的科技与知识创新能力外，还体现在它为世界提供了一个开放性大市场，并以此为基础，整合世界各地的人力、物力和智力，形成全球性的分工与共享机制。所以，美国国内的大市场也成为美国外交力量的首要政策杠杆，因为世界各国都指望通过对美国的持续出口而获得美元这一世界性货币。

当然，为了获得和维持这种地位，美国也付出了代价，从最大工业国变为最大消费国，储蓄率大大下降，贸易和财政的双赤字不断强化，中部白人的就业和产业成为牺牲品。也正因如此，后危机时代美国的市场开始逐渐转向封闭，先是搞排除中国的 TPP，后是搞高关税政策，破坏全球供应链的稳定性和可靠性，并阻碍 WTO 机制运行。美国原本是全球开放市场的倡导者和维护者，如今正在变成一个反对者和搅局者。

后冷战时代，从军费开支来看，美国一家的军费是排在其后的五六个国家的军费之和。中国虽紧随其后，但即便是从宽口径计算，2020 年的军费开支也仅仅是美国的 40%。有必要指出的是，如果不是停留在存量的绝对值比较，而是考察军费开支的重心和增长趋势，那么我们将获得大不一样的判断。

30 年来，美军的开支主要是维持其在伊斯兰世界的漫长而无用的战争，而不是为即将到来的大国竞争做技术和装备上的准备。也许是因为"将在外，君命有所不受"，美军的采购体系似乎远比民政部门腐败：以单价 2000 多美元的价格采购舰艇上用的咖啡壶，或者频繁而无意义地调动军舰，以便让负责后勤的那位少将从菲律宾港口补给业务的承包商那里获得更多的雪茄和性贿赂。每年7000多亿美元的军费中也的确有一部分花在装备研发上，但是美国军事研发的焦点是如何在平叛作战中尽可能地减小己方的伤亡。众所周知，美军在1960年到1972年的第二次越战中之所以耻辱地败退，不是因为任何战役失败，而是因为美军的伤亡超出了美国民众愿意承担的限度，从而使其远征冒险失去国内政治基础。正因如此，美军在外征战的一线部队中，有大量来自世界各地的非美国籍军人，他们冒险服役的动机主要是获得美国国籍。美军在阿富汗等地也有严重的消极避战行为，平时龟缩在巨型堡垒中，付费给当地的部落武装以求保护。这类现象让人不由得想起罗马帝国后期的军队蛮族化过程。

众所周知，战争不仅仅是装备的比拼，更重要的因素是人，包括将领和各级官兵的能力、士气和经验，也包括军队的组织模式、战略思想和后勤保障能力等。美军在后冷战时代的30年里一直在作战，似乎经验丰富，人员、装备和后勤之间磨合得都很好。但是在我看来，冷战后30年美军经历的6场以巨大的技术优势针对弱国、小国的军事行动，与其说是在打仗，不如说是在打猎。打猎时，猎手基本无须担心猎物的反杀能力，实在不行可以一走了之。但是打仗与打猎的根本差别在于，对手可能拥有比你更长久的战争史、更高的智力和更准的枪法。美军习惯于对弱国、小国的侵略战争，这些经验在战争早期和战术层面上可能有帮助，但是也非常可能在战略层面形成致命的误导。

从美国财政开支结构来看，未来美国军费增长严重缺乏空间。二战以降，美国的军费支出占其联邦财政开支的比例是持续萎缩的，这与大众媒体所宣称的"美帝"过度扩张或者穷兵黩武的说法相矛盾。"美帝"如果真的因为过度扩张而体力不支，只需要放弃扩张、休养生息便可以恢复元气。但是我的研究发现，导致"美帝"体力不支的原因不是过度扩张，而是它的"内脏"上长了若干"恶性肿瘤"，持续地占据越来越大比例的身体能量，挤压了维持"帝国"运行所需的资源。世人皆知，长在美国身上的"肿瘤"是华尔街金融部门，它们盘踞在"美帝"的"脑部"，引发的金融泡沫和危机导致美国联邦债务和美联储资产负债表分别扩张了数万亿美元。但是美国还长了一个不太引人注意却更加致命的"肿瘤"，那就是美国的医疗—医保—医药系统。如果说华尔街带来的祸害是脉冲式的泡沫和危机的话，那么美国医疗—医保—医药系统使美国就像患上了慢性中毒：美国联邦财政开支中，这个系统占据的比例越来越大，严重挤压了美国联邦政府维护其科技优势和全球霸权所需投入的财政资源。非常具有讽刺意味的是，美国公私两大部门在医疗—医保—医药上耗资如此之大,其产出却令人失望,因为美国人均寿命是 OECD(经济合作与发展组织)国家中最低的之一。因此,美国国内政治竞选捐赠的行业排名中,排在第一位的恰好就是医疗、医药企业,排在第二位的才是华尔街,这并不令人惊讶。

拜登政府上台之后,美国的对华政策有所调整,但这只是风格的切换而不是方向的扭转。他们进一步确认中国为战略竞争对手,并试图组建全球性的反华同盟来对付中国,对中国的贸易和技术制裁从"横扫一大片"变成所谓"小院高墙",精准打击。一时之间,日本、欧盟和印度似乎都有所响应。这一态势,让有些朋友心里发慌,担心我们从此将被国际孤立,被隔绝于世界市场之外。但是在我看来,大国竞争新格局来临,世界重新回到两个平行的市场体系相互竞争的时代,既是历史运行的大势所趋,又是中华民族伟大复兴进程的内在需要。

盎格鲁-撒克逊民族擅长打压来自欧亚大陆的挑战者,法兰西、日耳曼、日本和俄罗斯等民族的兴衰故事构成了 300 年来世界史的主线。西方世界也曾经有多次机会削弱和抑制中国的发展,但是随着中国国力的上升,他们的阴谋没能得逞。1949 年之后的中国,遇到了奇妙的机缘:前 30 年学习了苏联的动员体制和社会组织能力,后 30 年学习了美国的市场经济,从而成就了当今中国经济增长的奇迹。通过学习苏联的动员体制和社会组织能力，积贫积弱的中国突然间焕发出强大的战斗力，在面对美国、英国、法国、印度、苏联、越南等地缘战略对手的军事冲突中捷报频传，其中一部分战役堪称世界战略史上的经典案例。通过对美国及其盟友的市场经济发展经验的学习，中国一跃成为全球最大工业国、最大贸易国、最大债权国、最大消费市场。当然，这两种从外部习得的体制基因相互之间仍存在一定的排异反应，因此，中华人民共和国第三个 30 年的国内任务，就是要将社会主义市场经济体制推向更高水平，以中庸之道调和苏联与美国的"阴阳二气"，由此实现苏联体制、美国体制、中国制度之间的"正题、反题与合题"的辩证关系。

2001 年，美国小布什政府曾制定遏制中国的战略计划，但是"9•11"恐怖袭击事件使其转移了战略焦点；2011 年前后，美国奥巴马政府也曾制定了相当高明的 TPP 和重返东亚政策，试图用高标准的贸易协定把中国挤出东亚供应链，但是特朗普的突然胜选导致 TPP 功亏一篑，而中国作为反制手段所推出的RCEP、中欧双边投资协定和"一带一路"倡议则实现了后发先至。特朗普突然上台的背后，既有美国中部白人中产阶级的愤怒，又有外部势力的技术支持。天予不取，反受其咎。如今，面对世界第一大制造国兼第一大消费国中国的崛起，西方世界已经丧失了 20 年的战略机遇期。

中国在英美主导的世界市场体系中是一个后来者，其对外经济政策最初以模仿亚洲邻国的出口导向型模式为主。但是 2013 年以来，中国开始扬弃这种发展模式中的重商主义元素，表现在人民币汇率低估和低波动性政策已经悄然被均衡浮动汇率政策取代，由于中国人民银行对外汇市场的常态化干预基本退出，外汇储备也不再增加。外资进入金融业的负面清单逐步清零，资本项目的管制也在渐进放松。贸易顺差占 GDP 的比例从接近 10% 逐步回落到 2% 的水平，甚至出现了季度性逆差。上海进口博览会更是全球首创，向世界发出了一个明确的信号，中国欢迎世界各国的商品和服务进入中国市场，中国是市场开放原则的新的维护者。

从需求侧看，中国对国内进行了实质性的财富再分配，让穷人获得了更多财富。一方面，不少贪腐人员被绳之以法，与之有关的资本被破产清算；另一方面，中国社会最底层的近 1 亿贫困人口实现了全面脱贫。穷人的边际消费倾向远远高于富人，所以这种再分配非常有利于扩大国内总需求。2020 年第四季度，中国超过美国成为全球第一大消费市场。

未来一系列因素会进一步放大中国国内消费市场规模。一是中国经济持续中速增长；二是人民币兑美元汇率的持续升值，其驱动因素是中国相对于美国更快的技术进步、产业升级；三是中国受过高等教育的中产阶级的进一步扩容；四是电商向农村地区的进一步下沉和渗透。这些因素都将使得中国的市场规模相对于美国和欧盟的市场规模持续扩大。2035 年至 2050 年的某个阶段，中国的国内市场规模将相当于美国、欧盟、日本之和。这样一种预测听起来很夸张，其实逻辑很简单：消费市场主要取决于中等收入群体的规模，而中国受过高等教育或者拥有类似劳动能力的中等收入群体未来将达到 7 亿人以上，相当于美国、欧盟、日本同类人口规模之和。

正是因为中国培育了全球最大的消费市场，在各个制造业领域逐步完成了资本和技术积累，所以近年来我们的科技发明出现了井喷之势：每年国人发表的科研论文数量超过美国，高被引论文和国际专利的数量接近美国，深圳成为全球硬件创新中心，华为、阿里和国家电网等大企业名列全球创新企业前列。华为在产业赛道上的成功反超，使它们突然发现自己来到了无人区，因而不得不投入巨资去搞最前沿的基础科学研究，但这并不否定它最初对美欧企业的逆向工程和模仿的合理性与必要性，反而恰恰说明一个后发企业在逐步升级的过程中，其科研创新活动会发生什么样的变化。

新世纪以来的大专院校扩招政策也正在结出果实。每年 470 万人左右的理工科毕业生规模，约等于美国、欧盟、日本、俄罗斯、印度等经济体理工类毕业生总人数，而且我们大专院校的教学质量也在稳步提升。如此巨大规模的年轻工程师和高级技工的供给，将给中国经济带来新一轮的工程师红利，有效提升中国可贸易品（包括制成品和一部分服务）的设计品质、产品质量和用户体验，也会带来一大批有品位、挑剔的中产消费者。从各国工程师的横向比较来看，存量上美国、欧盟、日本仍然有优势，但增量上中国则占上风；工程师技能上，美国、欧盟、日本仍有优势，但数量上中国则占上风。后危机时代，中国互联网软硬件企业的快速发展，使得一大批中国顶尖人才不必再远渡重洋漂泊他国，他们在北京、上海、深圳、杭州等城市就可以找到专业对口、薪酬可观的工作岗位。正因为如此，最近十多年中国的专利和创新产品才有后来居上之势。

随着经济发展水平与科技创新成果的不断增长，平行竞争的战略机遇逐渐向中国倾斜。在大国竞争拉开序幕之际，中方没有同盟杠杆的负担，而美方的杠杆率已经很高了，这缘于改革开放以来中国一直坚持的独立自主的和平外交政策。在"结伴不结盟"的国际交往原则的指导下，诞生了中朝"兄弟般的友好合作互助关系"、中巴"全天候战略合作伙伴关系"与中俄"新时代全面战略协作伙伴关系"等大家耳熟能详的双边关系，我们的"朋友圈"越来越大，"伙伴网"覆盖全球。未来一旦有必要，就"加杠杆"的空间而言，我们远远大于美国。

而美国让中国和俄罗斯再次站在了一起，却把日本和印度拉到了自己身边，这是美国在外交和大战略层面所犯的最大错误。关于中国、美国、俄罗斯三角关系，冷战期间的战略家们有过许多思考和论述。以我本人的研究来看，战略三角关系中的制胜关键不在于绝对力量，而在于"相对较小威胁"的结构性身份带来的安全与行动自由。过去50年间，美国有多位战略思想家都曾指出，未来绝不应出现美国一家同时对付中俄两家的被动局面。但是，后冷战时代的美国出现了严重的意识形态傲慢和战略自大，竟然将中国、俄罗斯这两个有着宿怨的相邻大国逼成了"背靠背"的战略协作关系。大战略史上不乏这样的教训：傲慢的大国从自身的宗教或者意识形态出发而不是从冷静务实的现实主义战略思维出发，最终导致战略灾难，今天的美国正在犯同样的错误。

对于美国国运来说，日本和印度的加入有害无益。日本这个国家具有独特的忠诚精神：它永远忠诚于最强大的那个国家，因此在2035年之后，随着中美国力对比发生变化，日本很可能成为触发"美帝"体系"去杠杆"的关键变量。而印度的战略传统源自其谋略经典——考底利耶所著的《政事论》，其中的重要理念是利用别国之间的矛盾实现自身利益的最大化，向双方索取好处。因此，印度精英如此概括他们的对外政策：与印度打交道就如同剥洋葱，一层层地往里剥会让你觉得充满希望，令你感动得泪流满面，但是剥到最后是一无所有。金融常识告诉我们，未来美方面临巨大的反转风险，因为杠杆是有成本的，时间越长，盟友们向美国索取的"利息"就越多。当别国有意地针对其盟友体系中的弱者施加压力的时候，或者充分利用其盟友之间的矛盾的时候，美国需要支付的代价将远远超过其从盟友身上获得的好处。

《尚书》有云："天视自我民视，天听自我民听。""民之所欲，天必从之。"中国传统政治哲学中带有唯物主义色彩的"天命思想"，精练地说明了人心向背对政治的决定性作用。一国之内如此，国际社会亦然，因为全球性大国之间的竞争必然在世界市场体系、国际政治舞台和全球地缘格局中产生广泛影响。平行时代里，拉着几个小跟班耀武扬威的国家无非是跳梁小丑，只有赢得全世界人心的国家，才能在这场竞争中立于不败之地。

三、以自强图发展，以斗争谋和平

平行时代的大国竞争是政治、经济、科技、社会、文化的全方位竞争，因此需要我们坚定信心、转变思维、以"邻"为鉴。

首先，如果平行竞争的时代将持续30年，那么前15年我们应该主动强化参与竞争的勇气和必胜的信心，而后15年则应该戒骄戒躁、谦虚谨慎，并且注意给对手的生存留有余地。

过去，中国社会中存在一些不自信的民众，这一方面是受某些别有用心的、崇美恐美的言论的负面影响，另一方面也可能与我们"不做大哥好多年"不无关系。中华民族的主体人口，自明亡之后，已经有 300 多年没有为天下掌舵了。1911 年清帝逊位之后，中华大地陷入了事实上的割据状态；1949 年中华人民共和国成立之后，虽恢复了初步的统一和主权，但并没有成为一个独立阵营的中心，而是处于世界舞台的边缘地位，多数时候只能老老实实地向别人学习，亦步亦趋地追随别人的方向。长久的边缘状态，使得这个国家的多数精英缺乏华夏祖先们所展示出来的那种自信和眼界。如今中华民族正在重新回到世界舞台的中心，我们已经具备了相应的物质和能力基础，现在差的就是与之匹配的自信、眼界和心胸，也就是毛泽东同志早年所说的"心之力"。所以，2035 年之前，在表面上看中国仍然处于相对劣势的时候，我们更应该努力鼓起勇气，敢于直面竞争和风险。

在我看来，竞争早期无须太多政策创新和战略上的另辟蹊径，而应充分借鉴美国、苏联的经验和教训，只是我们的规模比它们更大，质量比它们更高，速度比它们更快，（由于后发优势而）犯的错比它们更少。正如我在《中国为什么有前途》一书第一章中所详述的那样，过去 500 年大国权势的更替过程中，存在创新与扩散的辩证法。下一代的领导国家在取代上一代霸主的时候，基本都是先学会后者所创新的核心内容，但是能以5 到 10 倍的规模将对方压倒或者边缘化。至于中华民族对人类历史进步做出巨大的贡献，如科技和文明创新，是获得主导性大国地位之后水到渠成的事情。

而竞争后期，我们恰恰需要保持谦虚谨慎、戒骄戒躁的大国心态，因为我估计到 2035 年前后，中国的相对国力会经历一个加速爆发的过程，而我们的竞争对手则可能在内政、外交、经济、货币等各个方面经历连锁的"去杠杆"阶段。假如事态真的如此发展，我们就需要再次喊出"太平洋足够宽广"的口号，展示出我们的胸襟与格局。历史上，在明帝国早期，明成祖对元朝残余势力鞑靼（阿鲁台部）等的清剿，破坏了北方草原的势力均衡，为瓦剌部落的崛起扫除了障碍，从而为之后的长期战略困境和明帝国的最终覆亡埋下了伏笔。我们要深刻汲取其中的经验教训。我们应该追求的世界政治格局，是一种"操之在我"的大国均衡与共生关系，而不是与其他所有人为敌的丛林状态，也不是用我们的意识形态或者制度模式去改造别的国家，更不是击败对手时的酣畅淋漓。

其次，我们需要改变对货币与财富的认知，从贪婪而短视的重商主义中尽快走出来。

什么是钱？只有把这个问题从底层逻辑上弄明白，一个体系的主导性国家才能做出恰当的顶层设计，以实现以我为主、相互促进的国内、国际两大循环。1971 年之前，钱是贵金属，而贵金属的生产成本是很昂贵的。因此在贵金属作为货币本位的时代，债权人拥有对债务人的约束性权力。但是 1971 年黄金非货币化之后，钱的源头成了以大国的本币计价的主权债务，债权人与债务人的相对地位被颠倒过来了。无锚货币时代下，本币债不是问题，反而是向别国征税的一个重要渠道。穷国积累的储备越来越多，富国的债务率越来越高，而后者并未受到来自债权国的任何约束，关键在于定价货币是债务人自己的货币。

人欠欠人，你所挣到的钱一定是某个主体的负债。只要债务人不愿意增加债务，整个世界就挣不到钱，因而最后的债务人就是整个世界的主宰。一个体系主导性大国的成功，是让别的民族的政府、企业和个人都愿意将积累的财富和未来的希望兑换成该大国发行的信用货币，从而让别人的命运绑定在自己身上。如果是在 1971 年之前的金本位或者金银复本位时代，国家多攒点金银有其政策价值，毕竟金银的价值是相对稳定的。但是在 1971 年之后的无锚货币时代，用自己国家年轻人的劳动和生命（时间），用本土的资源和环境，去换取别国可以零成本无穷创造的货币，这种行为不是贪婪而是愚蠢，因为你积累的是别国的主权信用，那么积累得越多，你越是别国的附庸乃至"殖民地"。

假如中国是一个小国，不得不接受别人制定的游戏规则，那么为了便利，储备一些美欧国债还是有一定合理性的。但是作为一个被美国确认为战略竞争对手的国家，继续大规模储备美国国债就是一种非理性的行为。外汇储备不是黄金储备，它不是肌肉，不是力量的象征，而是自身血脉不畅导致的水肿。我在很多场合呼吁过，中国应该扭转思维，将手中的外汇储备归零或者换成贵金属储备，并进而取代美国和欧盟成为全球最主要的债务人，当然，我们债务的定价货币必须是人民币而不是美元、欧元或者黄金。

贫穷带给人的伤害至少有两轮：第一轮是匮乏带来的痛苦；第二轮是心理上对匮乏的恐惧而导致行为的扭曲。有些人非理性地积攒金钱却给自己招来风险，许多国家在初步发展之后民众身材普遍发胖，其实都是曾经的匮乏感带来的第二轮伤害。个人如此，国家也是同理。沉迷于重商主义的财富错觉，将积攒金钱当作经济发展的目标，就是这种曾经的匮乏感给国家带来的二次伤害的主要表现。

一旦愿意接受本币计价的适度财政赤字，一旦愿意放弃每年几千亿美元的贸易盈余，一旦摆脱重商主义的贪愚给我们自己带来的约束，中国国内市场的规模就会呈现数倍的扩张。如何用好这种持续扩张的市场力量？我认为应该有意识地通过RCEP这类多边协定，将尽可能多的非美经济体纳入到以我为中心的贸易和投资轨道上来，确保更大范围的国际市场尽可能地向我们的高科技商品和资本开放。有必要指出的是，市场的开放通常是双向而不是单向的。我们要想重点发展哪个领域，就要努力获得这个领域的全球市场准入权，而在一个开放性的市场体系中，这也意味着我们会主动或被动地放弃某些相对次要的可贸易品的生产。考虑到中国规模巨大而又快速老龄化的特殊人口国情，考虑到我们"力争 2030 年前实现碳达峰，2060 年前实现碳中和"的国际承诺，我们迟早会放弃许多资源密集型、劳动密集型和排放密集型的产业。如果逆市场规律和比较优势行事，我们不仅会浪费巨量的财政资源和机会成本，而且还会自断生路：跟你走的那些国家无法从与你的关系中获得好处，即便它们出于政治或者安全的考虑而不得不停留在你的体系中，它们也无法消费你的高科技产品和服务，因为你不愿意留一点生意给它们做。有一些朋友缺乏对社会科学尤其是市场原理的理解，凭着朴素的感情而一厢情愿地认为只要中国的企业家足够努力，只要中国政府给的政策足够好，我们就能把高中低端产业通吃下来，让它们全部留在中国。这种思维，如同认为足够大力地向上拉拽自己的头发就可以原地飞升一般。

归根结底，中国与西方两个平行市场体系之间的竞争，比的是哪个体系的整体市场规模更大，哪个体系的内部分工更加充分，哪个体系的科技进步更快。两个体系之间的竞争，不是两个带头大哥之间的一对一决斗，而是两个球队之间的团队对抗赛。那些喜欢个人表演的独行侠球星，尽管自己在整个赛季打得非常辛苦也非常出色，但是所在的球队最终拿不到总冠军，原因就在于他并不理解团队竞争的含义，不知道如何带队。中国应该把引领整个体系技术进步的那些产业和核心技术抓在自己手中，而把其余部分让那些购买我们高科技产品的国家去做。当然，对于中低端的制造业，我们不是一放了之，一送了之，而是要通过"主权在人，治权在我"的海外产业新城，将它们配置到世界各地去，带动外围地区的发展，从而把我们的朋友搞得多多的，把我们的外部市场搞得大大的，这就是我在2006年提出的产业链编辑能力的应用之策。

最后，大国之间的长期竞争，在很大程度上比的是各自国内政治经济的健康稳定。我们一方面要持续推进全面深化改革，不断提升中国国内的治理体系与治理能力的现代化水平；另一方面，也要吸取他国的教训，在治理中克服国内矛盾和结构性缺陷。

美国政治经济体系的缺陷非常多，中国的学界已经有了比较充分的研究。在我看来，最值得注意的是以下几个方面：一是美国特殊的种族结构，他们自称为民族大熔炉，但其实是一个种族"沙拉盘"，各个组成部分仅仅是靠财富和意识形态的"沙拉酱"搅拌在一起而已，并未真的"熔"为一体。我认为将来真正会导致美国社会分裂的不是黑人群体，而是拉丁裔群体，因为后者有自己的语言文字和宗教，而且增长速度远高于其他族群。美国两党各自的群众基础已经出现越来越泾渭分明的差异：共和党支持者基本都是白人，而民主党内有色人种唱主角。二是美国的金融、医疗等利益集团对美国公共政策的绑架和对联邦财政的吸血，导致美国财政状况的恶化和贫富分化的加剧。三是美国两党分别被一些大金主通过各种"政治行动委员会"和非政府网络所掌控，比如共和党背后的科赫兄弟以及民主党背后的索罗斯等人，这些人的操纵和博弈大大降低美国国家治理体系的质量和政策输出的水平。四是处于历史高位的贫富分化和互联网媒体取代大众传媒的历史进程，使得美国社会民粹主义盛行，普通民众普遍坚信美国社会的精英在耍各种阴谋诡计来剥削自己，因此两党之间的矛盾进一步复杂化为四个派系之间的冲突：特朗普领导的共和党民粹派，布什、切尼和麦康内尔等人为代表的共和党建制派，桑德斯等人领导的民主党民粹派，以及拜登和希拉里等人为代表的民主党建制派。

许多人习惯于韬光养晦，这种策略在 20 世纪末固然有其必要性，但是到了今天这种局面，如果再相信自己画地为牢、消极防守就能岁月静好、安然无恙，那就未免太自以为是、太单边主义、太刻舟求剑了。我更主张软硬兼施、攻守兼备，放开手脚敢于以彼之道还施彼身，因为历史反复地告诉我们：只有通过斗争求和平，才能获得可持续的、体面的和平。

作为本书的序言，有必要补充介绍一下，本书正文内容源于在 2020 年全球新冠肺炎疫情期间我与观视频的合作栏目《政经启翟》，在栏目中我用 40 期视频节目向广大网友阐述了我多年来逐步形成的政治经济与战略思想。我的学生魏子龙对节目文字材料进行了初步的整理，王雪莹对本书的数据图表进行了绘制；东方出版社经济编辑部团队为本书的出版付出了极大的心血，对书稿反复打磨，在此一并致谢。

是为序。

目录

下篇

博弈与治理

第三章 逆潮中的治理选择

上篇

平行世界

第一章

大变局：从"嵌入"到"平行"

1971年，美元与黄金脱钩之后

1971年之前，放眼全球都是债权人比债务人牛，债务人的脖子上被勒了一根绳子，另一头就拽在债权人的手里，债权人一逼债就得节衣缩食，勒紧裤腰带还钱，否则就会债务违约，从此信用大失，无法在世界市场和金融体系里面立足了。但是1971年之后，整个世界的逻辑就此颠倒，宏观上国与国之间，微观上人与人交往，欠钱的反倒成了"大爷"，富国、富人都是高负债，穷国、穷人都在拼命存钱；富国的债务率越来越高，而穷国却拥有越来越多的外汇储备。

1971年美元跟黄金脱钩之后，世界经济的运行轨迹好像都改变了：全球货币体系的扩张速度越来越快；发达国家的债务率、宏观杠杆率越来越高；各国央行资产负债表都出现了大规模的扩张，却并没有看到经济出现高通胀。

加速膨胀的货币气球

许多人都听说过 1971 年美国关闭黄金窗口，导致全球货币体系变革。但是关闭黄金窗口，黄金非货币化，这件事情到底意味着什么，许多人其实并没有仔细想过，即便想过也没有真正想透这个问题。

1971 年以后，全球货币体系的扩张速度是非常快的。我经常这样比喻，1971 年之前，我们脚下踩着大地，价值的基准是用黄金铺就的二维平面。1971 年之后，我们就不再是站在一个平面上，而是站在一个急速膨胀的气球上，就如同宇宙大爆炸一样，还在不断地、永恒地扩张，这是一种三维的扩张空间。全世界主要储备货币的发行者，包括美联储、欧洲央行、英国央行、日本央行等，它们的手中好似拿着打气筒一样，使劲往气球里充气，打气筒的口径越来越大，充气的速度也越来越快，充入其中的气体就是大国的主权债务——国债。

总资产（单位：十亿美元）

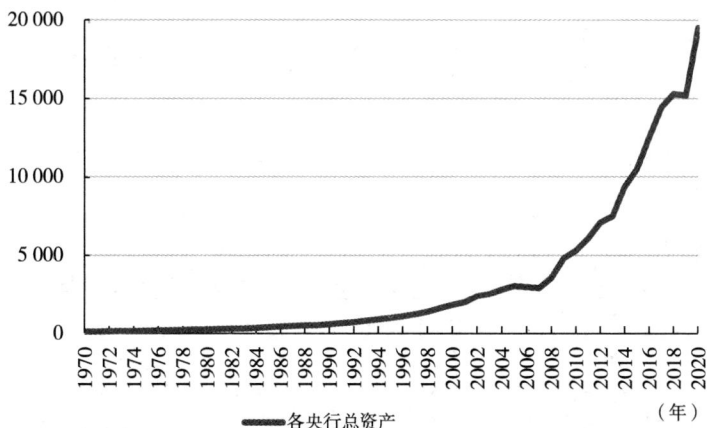

注：主要央行包括美联储、欧洲央行、日本央行、英国央行和中国人民银行，央行资产负债表数据扣除外币资产、SDR（特别提款权）、黄金（有个别央行未全部扣除）。1970—1998 年欧洲央行数据根据 1999—2004 年 5 年数据增速的平均值折算；1970—1996 年日本央行数据根据 1997—2002 年 5 年数据增速的平均值折算；2002 年开始纳入中国人民银行数据，2014 年开始纳入英国央行数据。

数据来源：万得、香港环亚经济数据有限公司

图 1-1　各央行总资产

　　图 1-1 讲的是 20 世纪 70 年代以来全球主要的央行资产负债表的扩张规模。注意了，我们为了能够看出它的扩张速度，就需要把纵坐标取对数。我发现纵坐标取对数之后，这条线是直的（见图 1-2），这意味着什么？这意味着我们脚下的这个信用球体——主权信用球体，往里充气是严重加速的，以至它的球体直径是匀速扩张的。

总资产（对数形式）

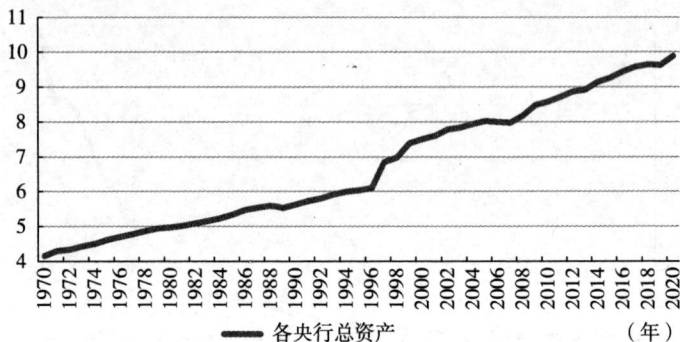

注：主要央行包括美联储、欧洲央行、日本央行、英国央行和中国人民银行，央行资产负债表数据扣除外币资产、SDR、黄金（有个别央行未全部扣除）。1970—1997年仅包括美联储，1997年开始纳入日本央行，1999年开始纳入欧洲央行，2002年开始纳入中国人民银行，2014年开始纳入英国央行。

数据来源：万得、香港环亚经济数据有限公司

图1-2　各央行总资产（对数形式）

美国、欧盟、日本、英国这些发达经济体，拥有一定程度的特权，能够把它们的主权信用变成实实在在的财富。世界上任何国家的个人、家庭、企业所挣的钱，追根溯源就是这几个大国的国债和准国债。它们往里充气越快，全球70亿人挣的钱就越多；如果不往里充气了，世界经济就会停滞；如果往外撒气，世界经济可能就要出现再一次的"大萧条"。个人和企业能挣到钱的宏观前提就是全球主要大国愿意提供负债来支撑经济的信用。

这就是近年来比较流行的现代货币理论的核心观点。这个学派总体上由左翼学者组成，它的旗手之一就是斯蒂芬妮·凯尔顿（Stephanie Kelton）教授，她也是美国民主党左翼代表桑德斯老先生的经济政策总顾问。2019 年年底我曾经在德国跟凯尔顿教授有过面对面的交流，我们很多观点不谋而合。

我认为现代货币理论在实践中成立需要三个前提。第一个前提就是 1971 年美元跟黄金脱钩之后，全球货币的价值都不再是真金白银的"硬锚定"，背后只不过是主权政府的购买力承诺。现在普遍流行的承诺是将国内的通胀目标控制在 2% 左右，不过这只是政府的承诺，达不到或者超过了也无所谓，这只能算一个"软锚定"。

第二个前提就是美元、欧元作为国际储备货币，它们的量化宽松与通胀水平可以分摊到全球。因为美元、欧元可以直接到世界任何地方去匹配商品，所以超额的货币供给并不会仅仅在本国国内流通。美国、欧盟的内部通胀不可能大幅上升，也是美元和欧元的全球铸币地位的体现。

第三个前提，也是西方经济体没有出现高通胀的重要因素，就是后危机时代的总需求不足。在总需求不足的前提下，央行的货币超发不会造成商品和服务价格的飙升，只会造成资产价格的波动，各国政府统计通胀率的时候通常不会把资产价格充分考虑进去，所以表面上看经济运行仍然平稳，从而为量化宽松提供了操作空间。

在新冠肺炎疫情暴发之后，美国的货币和财政政策，从某种程度上说就是在落实现代货币理论——直接发钱、走财政赤字货币化的道路。美国之所以出此下策，是因为美国经济出现了严重的失衡，仿佛进了 ICU（重症加强护理病房）。而中国目前远远没有达到需要央行直接印钞票给财政发钱的地步，我们的财政如果需要扩张赤字，全球市场上有的是钱愿意出借，只不过一定要借本币债，用人民币计价。具有讽刺意味的是，特朗普总统是共和党人，但是斯蒂芬妮·凯尔顿教授以及她所支持的桑德斯都是民主党的左翼人士，也就是说，民主党左翼的政策主张被共和党右翼的时任总统采纳了。资本主义，顾名思义是为资本家服务的，可是今天的美国居然大规模地给国民发钱，已经不能称之为经典意义上的资本主义国家了。美国最终活成了它最讨厌的样子。

"翟币债"多不愁人

2015 年我参加世界银行的年会时，一位美国著名的经济学家德隆·阿西莫格鲁（Daron Acemoglu）发言，解释了为什么最近几十年发达经济体，包括美国、欧盟、日本的债务率、宏观杠杆率越来越高。所谓宏观杠杆率是指一个国家、一个经济体的 GDP（国内生产总值）和总债务之间的关系，经常用债务除以 GDP 的比值来衡量。

在他看来，美国、欧盟、日本最近几十年大规模地积累债务，宏观杠杆率越来越高，就是在欺负没有选举权的外国人和我们的后代。不过凭我对政治经济体系、货币体系的理解，我认为他是错误归因了，真正的原因是金本位废除导致主权债务的货币约束消失，而不是"选举制度"。后来哈佛大学的卡门·莱因哈特（Carmen Reinhart）教授把她关于债务周期的数据图表发给了我，我又进一步做了研究，并证实了自己的猜想。20 世纪 70 年代之前，可以说整个世界的宏观杠杆率是下行的，到 70 年代触底，然后开始持续上行。这不能不令人疑惑：为什么在 1945 年到 1970 年中，在同样的西方选举制度下没有出现政治家欺负后人和外国人的现象？阿西莫格鲁教授的观点听起来让人感觉很聪明，可惜是错误的，因为他只能解释 20 世纪 80 年代以后的事情。

我们要探讨债务问题，就一定要跟货币联系起来。以本币计价的国债，本质上是一种税，而不是一种债。我曾经提出过一个"翟币"的概念，对于我们理解债务非常重要。假如我可以随意发行"翟币"，并以"翟币"来结算双方的债权债务关系，那么我负债越多收益就越大，而且永远不会有破产风险。但假如双方的债权债务关系是用美元、人民币、日元、欧元或者黄金这种无法随意发行的货币来结算，哪怕你借得不多，也需要衡量自己是否会面临破产。

我在研究全球汇率波动的时候，做过全球宏观风险和各国宏观杠杆率之间的逻辑关系研究，并发现了当今世界的一系列基本事实。第一，20世纪80年代以来，发达国家的债务率是走高的，而发展中国家到目前为止债务率仍然是偏低的。日本是全球债务率最高的主要经济体；美国的联邦政府债务与GDP之比也超过了100%；欧洲的债务率也相当高。许多发展中国家也曾设想走高负债之路，但是债务率一旦达到40%—50%，国民经济就崩盘了。

第二，本币债务率高低与宏观风险大小是无关的。真正跟宏观风险高度相关的是外币计价，即非本币计价的主权债务，假如用非本币记账，无论是内债还是外债，都会在不同程度上提高经济的宏观风险。

第三，发展中国家可获得的本币债是极为有限的，几乎可以忽略不计，政府赤字只能通过外币债弥补，最终导致"发展中国家的原罪"（original sin）。发展中国家在全球市场体系、货币金融体系里遭受了某种压抑，其实相当于一种先天制裁。

上文提到过，本币债本质上是一种税，而不是一种债。但现实中，一个国家无休止地发行本币债务，也会引起国民经济的重大问题。

假设美国的联邦债务达到 25 万亿美元规模，同时由于某种机缘开始出现通胀抬头，达到了 4% 的水平。这意味着美国如果不实行"实际负利率"，也就是基准利率或者联邦债券的平均利率要高于通胀率的话，每年联邦财政的利息支出就要达到 1 万亿美元——其实近年美国每年的利息开支都维持在 6000 亿美元左右。假如通胀高企，而经济增速仍然低迷，国民经济陷入滞胀，那么不要说偿还本金，就连利息都要靠借新债来还，这就是经典意义上的庞氏融资。

假如全球金融市场开始意识到，美国联邦信用处于实质上的庞氏融资阶段，那么其他各国是否还有继续大规模持有美元、美债的意愿，以及是否会大量抛售，从而触发连锁反应，这些问题的答案都不得而知。但它们一旦形成集体行动，就会导致美元贬值，进而抬高进口商品的价格，大幅加深通胀水平；同时全球贸易战继续恶化，美国进口商品市场凋敝，由此形成商品短缺与恶性通胀的负反馈循环。

高通胀消失之谜

2008 年金融危机之后，美国、欧洲、日本、英国的央行资产负债表都出现了大规模的扩张，但是我们并没有看到西方经济体出现高通胀，关键问题就在于总需求不足。

没有出现高通胀归根结底有三个原因，其中最重要的，也是第一个原因是老龄化。美国、欧洲、日本社会老龄化普遍非常严重，消费能力都在相对持续地萎缩，表现为绝对消费不足。无论怎么用货币政策去刺激，国民消费都无法提高。第二个原因是贫富分化。穷人有需求但是没钱，所以构不成经济学意义上的有效需求；富人拥有消费能力，但是总体欲望有限，消费潜力早就被开发完了，找不到新的兴奋点。第三个原因是技术进步的停滞。当今市场上再没有出现如 20 世纪 90 年代互联网方兴未艾时那样的消费热点。在总需求不足的情况下，无论印多少钞票，它们都无法持续流入商品与服务领域，从而导致消费者物价指数（CPI）无法大幅上涨。假设我们知道下个月央行会大规模地放水印钞，扩张流动性，你会不会现在跑到中关村去囤积一大批华为手机或者一大批日用消费品呢？可能并不会，这是因为一个老龄化的工业化社会，它的商品生产能力也就是供给的潜力近乎是无穷的，只要付钱就会"分分钟"生产出来，而它的有效需求又是严重不足的，盲目地生产只会造成浪费，所以没人会参照货币扩张速度去囤积各种实实在在的商品。

在总需求不足的大背景之下，人们唯一可囤积的就是资产。在货币超发的背景之下，在不同的社会制度中，人们乐于囤积、炒作的东西是不一样的，这主要取决于不同社会的司法体系对哪一类权益进行了有效的保护。哪类权益保护得好，流动性就会去哪里。美国作为一个典型的由资本主导的国家，它的司法体系对股东和投资者的权益保护得非常好，所以美国股市在过去12年间涨得特别厉害。美元流动性过剩没有导致工资和房价的大幅上涨，却将道琼斯指数从6700点推到接近3万点的高峰。2020年因为新冠肺炎疫情的冲击，美股泡沫暂时破灭，道琼斯指数跌到了2万点以下，随着新一轮无限制量化宽松政策的实行，道琼斯指数也重回高峰。欧洲和日本的老百姓对国债情有独钟，所以即便是负利率时代，他们也照样把钱存到银行或者买国债。中国的情况比较特殊，释放出来的过剩流动性，基本上都跑去了房地产市场。

华尔街的衰落

过去 10 年间，中美关系总体上持续下行，甚至已经进入了"自由落体"状态，这显然是政治、经济、科技、军事等各方面因素共同作用下的结果。对此，各种研究也层出不穷，不过往往忽略了一个重要因素，那就是美国政治中行业部门势力的变化——华尔街的衰落。确切来讲，美国的金融业，即华尔街群体，对美国内政外交的影响力出现了持续的、大规模的衰落，从而导致中美关系产生了结构性变化。

美国政坛中的"华尔街之狼"

全球中心—外围结构中，中美两国原本是互补性的经济关系：美国负责印钱，中国负责存钱；美国提供消费市场，中国提供生产能力。

在双赢的经贸往来中，美方获得的好处是非常大的，但问题就在于这个好处被一小撮人攫取了——华尔街这一群体获得了全球化时代最大的红利。他们一共只有 50 万到 80 万人，占美国总人数 3.2 亿人中非常小的比例，但是 2007 年，也就是次贷危机爆发的那一年，华尔街获得的总利润占到美国企业机构利润的47%。所以中美之间共生关系的瓦解，跟美国内部的分配不平衡是有关系的。

追根溯源，我们需要谈一下华尔街政治势力在美国内政外交中地位的上升以及衰落。20世纪60年代之前华尔街金融机构背后的资本家族在种族上是多元的，第二次世界大战中以及之后不久，很多有钱的欧洲家族迁移到美国，尤其是犹太金融资本家族。到20世纪60年代，华尔街银行家在种族上变成清一色的犹太裔，很多著名的金融机构，比如高盛、雷曼、摩根士丹利、摩根切斯等背后掌权的真正的资本家族都是犹太人。

从20世纪70年代开始，华尔街在美国内政中的影响力就不同以往了。70年代之前，美国是世界上最大的制造业国家，美国人把巨型制造业企业的利益视作自身的国家利益，借用一句美国俚语"有利于通用公司的就是有利于美国的"。但是进入20世纪80年代，这句话就变成了"有利于华尔街的就是有利于美国的"。

华尔街在政治上的逐步上位，主要靠以下几种手段。

第一种手段是政治献金，为政客提供竞选经费，帮助他们竞选。这是比较传统的美式政治套路，其他利益集团、产业部门也都用过。

第二种手段是渗透。具体来说，一是意识形态的渗透，华尔街雇了一批原本不入流的经济学家为华尔街的利益站台。其中有一位三流经济学家叫作格林斯潘，他以帮华尔街的犯罪大亨写文章"洗地"起家，结果刚"洗"完不久，那个家伙就进监狱了。如果是知名的、主流的大牌学者，应该不会那么容易就被一个流氓大亨用几万美元收买的。但由于这份经历，格林斯潘得到了华尔街的有力扶持，如愿以偿地当上了美联储主席。二是人员的渗透，所谓"商而优则仕"，华尔街把自己公司的高管和精英们送进了美国政府部门。从美国副总统开始，30个最重要的行政岗位中有多少人来自华尔街？针对这个问题，我们曾做过详细的研究，结果表明这一比例从20世纪60年代开始持续上升，最高峰时达到了60%，此后稳步下降。直到特朗普刚上台组阁的时候，这30个岗位中还有不少被来自华尔街的人把持，但是后来除了财长姆努钦来自华尔街外，其他岗位的华尔街精英全都出局了。

第三种手段是"绑架"，即所谓的大而不倒（too big to fail）。为了扩大规模，追求更高收益，金融机构主动承担各种形式的负债，借钱投资，但泡沫一旦破灭，造成大幅亏损，资不抵债，国家就得出来买单，否则就会造成"还不上钱"的连锁反应，对整个金融行业，甚至实体经济造成巨大冲击。2007—2008年的金融危机就起源于华尔街的胡作非为，从而形成大量泡沫，尤其是跟房地产有关的金融衍生品泡沫，泡沫破裂导致金融机构大规模亏损，最终由美联储大规模扩张货币为它们提供过渡性贷款，从 9000 亿美元扩张到 4.5 万亿美元，这才帮美国的金融机构渡过危机。

2008 年金融危机之后华尔街活了下来，没有遭受巨大损失，虽没有得到应有的惩罚，但是他们在政治上的声望一落千丈。美国人民开始意识到华尔街的利益并不真正代表美国利益，他们掏空了美国，创造了数以亿计的资产泡沫，泡沫破灭的时候却是普通美国人遭了殃。据我了解，现在华尔街对美国内政外交的影响力已经远不如前，其中一个最典型的现象就是以前他们甚至不需要通过明显的个人关系来维持影响力，现在可能跟医药集团、步枪协会、军工复合体"拼关系"都不占上风。

15% 的工业化入场税

为什么我要讲这段华尔街在美国内政中的兴衰史？虽然表面上来看中国没有跟华尔街发生直接的关系，但是如果把整个世界资本主义体系里的利益分配结构重新进行提炼，我们就会发现其中的奥秘。世界市场中有一个"三角形"：第一条边是美国，第二条边是中国，第三条边是除美国和中国之外的经济体，比如欧盟、日本、韩国、新加坡等，这三者在 20 世纪 80 年代之后逐渐形成重大的资本循环（见图 1-3）。美国通过产业外包的形式向有驻军或者有政治上控制力的地方转移制造业，把脏活、累活交给别人干，自己干高科技、高收益的工作；承接产业转移的国家的制造业会很繁荣。中国 1992 年之后开始大规模招商引资，告诉对岸的资本家，如果你跑来炒我们的股票、房子、外汇的话，我们就会严防死守；但是如果你把产业搬到中国来，我们就会给你各种优惠，于是就形成了外商直接投资（FDI）。外国投资者获得的好处除了经营收益之外，还有土地的升值和汇率的升值，加上各种其他补贴，因此复合收益率在早期能够达到15%。FDI 入场之后，中国出现了贸易和资本项目的双顺差，又将获得的美元储备投回到美国国债市场，进而成为华尔街低利率的融资来源与泡沫破裂时的有力保障。虽然华尔街是私人部门，政府是公共部门，但私人部门和公共部门之间有紧密的人事、政策上的联系。

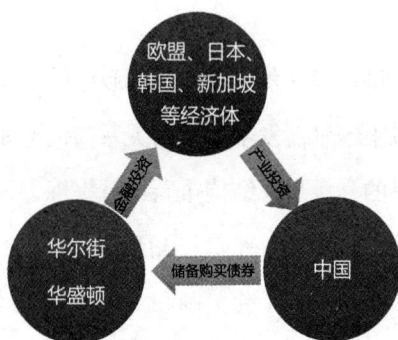

图 1-3　三角资本循环

中国为了工业化，使了一个"吸星大法"，把欧美的制造业部门吸引过来，但也付出了巨大代价。中国相当于每年向外资支付15%的投资回报，而从美国国债中获得的收益率仅有1%—3%，其中巨大的息差其实就是我们为了实现快速工业化所付出的成本。美国、日本以及欧盟等经济体的资本收益，是从中国劳动者的身上、中国政府的土地租让里获得的，但是这部分收益要跟背后的金融资本——华尔街来分享。

华尔街的落日余晖

许多华尔街的犹太家族成员能够讲流利的中文，中美双方有共同的利益。但是从2010年之后，华尔街的政治影响力就一直在悄悄地衰落，直至2016年特朗普上台后，华尔街几乎失去了政治上的话语权。

虽然在由美国总统特朗普挑起的中美贸易战中，受伤害比较大的是美国，但是中方也希望早日化解争端，于是请华尔街代表在中美之间展开斡旋。2018年11月，有"中国人民的老朋友"之称的基辛格，也是国际关系界的老前辈，拖着病体坚持参与了中美双边非正式的沟通活动，但是日后看这种沟通的效果是有限的。未来华尔街的势力也不太可能回到过去的辉煌，由于全球经济的不景气，金融资本的生存空间被大大压缩，欧洲、日本的银行都因负利率陷入了经营困难，如果未来美国也进入负利率时代，那么华尔街也会江河日下，华尔街的政治势力恐怕会进一步萎缩。所以今后在对美国的工作中，一定要保持清醒的认识，加强对美国社会的深度理解。当前，我们身处"百年未有之大变局"中，中国对美国的工作，以及"第二轨道"外交一定要与时俱进，一定要保持灵活性。

美联储的量化宽松

美国资本市场的走势其实已经跟实体经济出现了严重背离，疫情反复恶化，经济持续衰退，社会、政治严重分裂，但是美国股市在短期内就渡过了熊市，然后假装什么事都没有发生，重回牛市，并且再创新高。这就是所谓的法币时代或者说无锚货币时代的"印钱的魅力"——一个国家到了山穷水尽的时候，还可以有一棵"摇钱树"来撑着。

18%：美元放水的速度

2020年3月，美国、欧洲的新冠肺炎疫情失控之后，西方的实体经济遭受了巨大冲击，金融市场出现了大幅波动，美国股市连续熔断。在3月中旬的一次线上学术研讨会上，多位专家一致认为美国股市将会持续崩盘，道琼斯指数会跌到万点以下。而我持有不同意见。美国股市不至于一蹶不振，理由就是美联储可以大规模扩张资产负债表，也就是大规模地放水、印钱，为美国资本市场输血。事后来看，他们当然是错了，但是即使我的判断是正确的，也没有充分地意识到美国股市在美联储放水输血的背景之下，可以如此迅猛地反弹，而且跟实体经济的走势完全不相关。

总资产（单位：万亿美元）

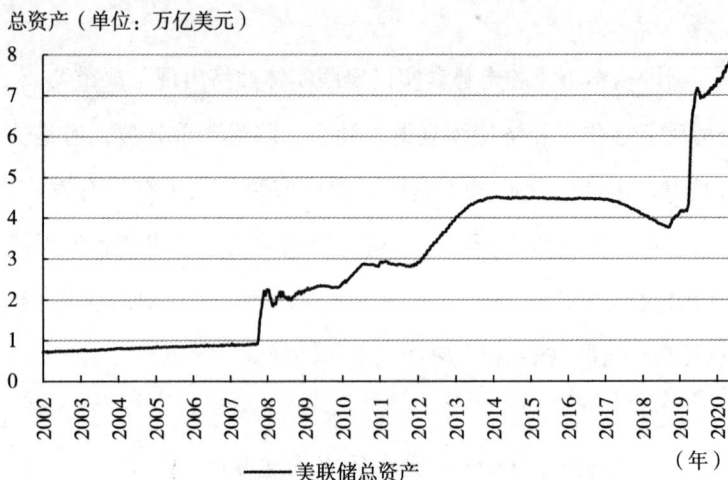

数据来源：联邦储备经济数据

图1-4 美联储总资产

2008年金融危机以来，美联储资产负债表的扩张速度，也就是它的基础货币发行增速不断加快（见图1-4）。2008年美联储资产负债表的规模是9000亿美元；经过了几轮量化宽松，2014年阶段性高峰的时候达到了4.2万亿美元；之后时任美联储主席耶伦致力于"缩表"，就是主动减小资产负债表规模，到2019年8月中旬到达了一个阶段性低点3.72万亿美元；

但是由于当年夏天企业债、垃圾债市场出现危机，到 2020 年疫情暴发之前，资产负债表已经重新扩张到 4.2 万亿美元；疫情暴发之后，美联储开展无限制量化宽松，到 2020 年 12 月已有 7.2 万亿美元。从 2021 年开始，考虑到拜登政府的财政政策扩张空间非常有限（因为共和党参议员一定会制约他的预算空间），所以大概率只能靠货币政策来对冲；而且 2022 年接任的美联储主席，很有可能是一位现代货币理论的拥趸者，我估计到 2025 年拜登第一任期结束时，美联储的资产负债表很可能会扩张到 15 万亿美元，甚至 16 万亿美元。以复利计算，从 2008 年开始到 2025 年年初美联储资产负债表的年复合增速大约是 18%，这意味着如果全世界各地的账户持有美元资产的年复合收益率低于 18%，就是在为美国的国民福利和长治久安做贡献。

美国的量化宽松理论上是没有约束的，只要全世界愿意继续用自己的劳动和资源来换取美元存款，这场游戏就不会结束。美国的法律与政治规则对于美国联邦政府的债务上限的确是有限制的，但是从历史上来看，这种限制的形式高于实质。共和党一贯强调要"小政府"，强调要控制赤字，可是恰恰都是共和党总统在任的时候，美国债务扩张的速度大幅加快。直到现在，现代货币理论的倡导者们，干脆站出来告诉这帮美国的政客，债务不但不是个问题，反而是现代经济运行中的必要组成部分。

货币超发的去向

围绕美元的"大放水"，一个常见的疑问是：为什么美联储印了这么多的美元，美国却没有出现明显的通货膨胀？其实长期来看，美联储资产负债表扩张的通货膨胀效应是存在的，只不过有两个重大的因素，缓冲或者稀释了通货膨胀。

第一个因素是新冠肺炎疫情带来的冻结效应，延缓、弱化了美国经济金融系统的信用创造过程。基础货币虽然扩张了，但是 M2、M3 并没有同步快速扩张，推迟了通货膨胀的表达。

第二个因素是美元作为全球储备货币，可以在全球各地匹配商品和服务，所以未来数年内所引发的通货膨胀是全球性的，而不是仅在美国本土发生。而且全球市场体系的中心—外围构造非常特别，越往外围通货膨胀率会越高，越靠近中心通货膨胀率会越稳定，所以美国本土的通货膨胀水平反而位于全球最轻微的行列。欧洲和日本的社会结构比较特殊，老龄化比美国还要严重，所以本土消费是萎缩的，在全球产能过剩的大背景下，不但不会有明显的通货膨胀，反而可能还有局部的通货紧缩。

如果没有明显的通货膨胀，扩张的流动性最终会汇聚到哪里？我们可以把美联储的货币发行理解成河流的上游，上游有大量的流动性释放出来，下游有三大池子来吸收这些流动性。

第一个池子叫商品，其中基本上全是可贸易品。由于技术进步，全球普遍产能过剩，而美国人口老龄化程度逐渐加剧，造成消费相对不足，商品价格的涨势有所抑制。第一个池子不会吸收太多流动性，"水"就越过它直接进入下一个。第二个池子叫服务。服务池子中的流动性增加了，长期来看的确会抬高人们理发、餐饮服务的价格，但是绝大部分服务不可囤积，不可作为保值增值的手段。举例来说，假如我一年理12次发，考虑到明年流动性增加会导致理发服务涨价，我这个月理12次发，在未来的一年里就不理发了，这不太现实。所以流动性在服务池子里边也囤积不下来，只能进入第三个池子——资产，包括股市、房地产市场、债券市场等。

美元任性，全球买单

美联储的无限制量化宽松深刻地影响了世界的政治经济格局，全球任何一个国家都只能被动地接受美元全球放水带来的恶果。

美国越来越过分地在全球"碰瓷"。美国财政部把越南、瑞士都列为汇率操纵国，某种程度上是在用自己的错误惩罚别人。美国财政部每年会出具两次评估报告，多次因中国的巨量外汇储备而发出汇率操纵的警告，但是一直没有把中国列为汇率操纵国。越南的出口量、外汇储备远远小于中国，就被直接列为汇率操纵国，可以说是无妄之灾了。而更冤的是瑞士。瑞士经济规模中等，技术水平先进，而且瑞士法郎是全球最著名的避险货币之一，全球经济一有风吹草动，全世界的资金都会涌向瑞士法郎避难。如果瑞士央行不出面干预汇率市场，瑞士法郎的汇率就会暴涨暴跌，瑞士的实体经济受到的冲击就会非常大，这都是因为美元为主导的无锚货币体系存在严重的内在缺陷。

许多资产价格出现了大幅飙升。除了股市，美国的房价涨得也不少。还有一些另类资产，比如数字货币比特币创下了历史新高。在美元、欧元为主导的无锚货币体系中，全球资产配置者只需要把很小的比例，比如 3%、5%、10% 的资金放进某种保险柜里进行对极端尾部风险的对冲。从历史上来看，保险柜的主要组成部分就是黄金，黄金的价值主要由开采、存储和运输成本决定；比特币也有开采成本，但是它的储存和运输成本比黄金要低。老年富翁的保险柜里边装满黄金，年轻的互联网新贵的保险柜里主要是比特币和其他数字货币。1971 年以来，全球货币体系本质上就是法币体系，是由信用支撑的大泡沫，在它之外再造几个小泡沫，比如黄金泡沫、比特币泡沫，并不是什么十恶不赦的事情。最后哪个泡沫先破灭，目前还很难说。

国际汇率开始大幅波动。美元指数从 2020 年年初的高位 100 多一路下跌到 89，与此同时人民币对美元的汇率从 7.2 元持续升值到了 6.5 元。表面上看，人民币升值太快，但是人民币对欧元、日元、澳元等货币的汇率总体上是稳定的，甚至是有所贬值的，也就是说发生的主要不是人民币的升值，而是美元对一篮子货币的贬值。由于大规模货币放水，美国本土供应链出现了局部断裂，所以贸易逆差大幅扩张，创下了历史新高，进而造成美元的大幅贬值。

过去许多人经常批评中国人民银行印钞太多、放水太快，以此来断言人民币将会大幅贬值。理由是中国的 GDP 比美国小，而 M2 却比美国还大——"水"比较多，而"面"比较少。这种比较在我看来是非常不专业的，逻辑也不合理。由于中美两国之间经济金融体制存在重大差异，所以真正可比的应该是双方的 M3，也就是更广义的货币。另一种方法是比较更基础的货币，也就是两国的央行资产负债表，但是不能单独比较其本身，因为央行资产负债表是一个国家的主权信用规模，存在外汇储备与黄金储备的干扰因素。所以正确的方法应该是用中国的央行资产负债表减去外汇占款，剩下的才是以中国的国家主权信用发行的净主权信用货币，也就是纯粹的信用。按照我们的计算，从 2007 年 11 月到 2020 年，中国人民银行的资产负债表在扣除持有的外汇占款和黄金之后，净信用扩张的年复合增长率只有 10.8%，而美联储的资产负债表的净信用扩张速度是每年 18%，批评自然不攻自破。

走向分裂的美国

一位黑人被美国警察冤杀，掀起了一场"黑命贵"运动，轰轰烈烈，风风火火，席卷美国。这件事情只是整场运动的导火索，因为"黑人被警察冤杀"本身在美国社会并不稀奇，真正的根源是美国社会种族构成的结构性变化。

整个社会分裂成不同的派系；人们纷纷走上大街进行言语上的论战，肢体上的冲突；社会舆论出现政治正确的极端化，要求人人要表态，个个要过关；治安混乱，人身安全难保；背后还隐含着高层的权力斗争。你可能以为我在描述一场文学艺术作品中的社会灾难，但这其实是发生在美国的真实故事。

美国是美国人的美国吗？

美国社会主要是由欧洲移民，尤其是新教徒移民构成的。最早来到美国的是德国裔和英国裔移民，这两波人表面上看语言文化不同，但他们的文化是同源的，都是欧洲西北部的新教徒。来到北美之后，他们通过投票决定了用英语而不是德语作为美国的国语。在过去的200多年里，美国社会曾经发生过很多类似的政治、文化运动，每一次运动之后，"主流美国人"的心理认知都会扩大一点儿。比如，早期通过运动把德国移民包容进来，再后来把斯堪的纳维亚移民包容进来，把意大利移民包容进来，把爱尔兰移民包容进来……但是美国社会的演进过程是逐步的、渐进式的，每一波的力度都很有限。这一次的问题就在于美国社会的人种结构开始出现了不同以往的重大变化，以前美国社会的移民都来自欧洲，相对比较同质；而最近几十年的移民主要来自拉丁美洲，从人口统计上来讲，从2014年开始美国的新生儿中有色人种已经占多数，而欧洲移民占少数。

2006年我在西班牙开会的时候，跟我的一位好朋友，原西班牙共产党分管国际事务的政治局常委、西班牙卡迪斯大学的历史学教授，有过交流。他认为西班牙语未来才是全球主流语言，理由是美国未来将会变成以西班牙语为主的社会。当时他的言论对我造成的心理冲击不小，后来我留心这个问题，果然他所言不虚。

这场美国的社会运动，虽然是以"黑命贵"为主题，以黑人族群的斗争为主线的，但是长期来看，它真正的潜力在于拉丁裔。拉丁裔的生育率是美国主要族群中最高的，更重要的是他们除了"能生"之外，还能够从整个拉丁美洲地区，也就是墨西哥、中美洲和南美洲迁移过来。他们翻墙、打洞、偷渡，不断地来到北美寻找"美国梦"，而拉丁裔的"美国梦"跟盎格鲁-撒克逊人的"美国梦"恐怕不完全一样，因为他们有自己独特的文化、宗教和语言。现在美国社会已经变成了一个双语社会，也许 50 年后所谓的美国主流语言的第一选择是西班牙语，第二选择才可能是英语。

"新罗马"的悲剧

虽然美国的社会运动持续时间长，发展得比较缓慢，且具有周期性，需要不断注入社会动能进行刺激，但是其中多种矛盾混合，长期发酵会造成不可控制的后果。美国社会的多重矛盾是种族性的根源、贫富分化的矛盾与党派的斗争三者叠加在一起形成的。在美国政坛中，共和党里几乎清一色是白人，很少有少数族裔参加，开会时如果有黑人共和党员参加，一定会到前台来显摆一下，以表现党派的多元化；但是民主党召开动员大会的时候，在场人员的肤色五花八门。这两个党在种族构成上正在越来越明确地拉开差距。

美国是否会真的走向分裂，取决于这场运动的前景。

第一个前景在于将拉丁裔广泛地动员起来，他们跟传统白人新教徒之间的矛盾如果能够激化，这场运动才会达到真正的高潮。

第二个前景就是平权的悖论问题。当要求不同肤色之间平等的时候，当要求性别之间平等的时候，当要求不同年龄段的人之间平等的时候，他们是要求机会的平等还是结果的平等呢？在社会运动中很容易出现的是，最初人们觉得应该追求机会平等，可是运动发展到最后就变成要求结果平等。但问题是人类个体天生就存在各种各样的区别，而人为追求结果平等的过程，本身就在创造着机会不平等。举个最典型的例子，大学的入学成绩存在着重大的歧视，对亚裔要求成绩最高，对白人要求成绩比较高，对拉丁裔要求成绩比较低，对黑人要求成绩最低。为了创造录取结果的平等而要求不同入学标准的时候，相当于是在创造各种族间机会的不平等。

第三个前景就是如何评判这场运动是否成功。一场成功的社会运动是通过斗争达到了和平，达到了团结。实际上在观察这场美国的社会运动时，有一个词印入我的脑海，那就是"蛮族化"——许多历史学家认为古罗马帝国的衰亡就是由于蛮族化。罗马作为一个帝国征服四方，可以从四面八方的蛮族身上吸取资源，像旋风一样扩张，但是扩张的长期代价就是外部被征服的蛮族居然被纳入到统一政治体系中来，其中一部分蛮族会进入罗马城，进入罗马的主流社会，随着代际的更替，慢慢地所谓的罗马人就变了。"美帝"也是如此。恰恰由于"美帝"能够从全球体系中吸取资源和人才，全球外围地区的人们会各显其能，想办法来到美国的中心地区，参与这场盛宴，分享美国的成功，在这个过程中，美国也正在出现"蛮族化"。美国的战略精英经常自诩说"伟大的美利坚是罗马在世"，此言不虚，它跟古罗马是非常相似的，但是恐怕未来也将重蹈它的覆辙。

种族主义的原罪

现在一些美国政客妄图对中国开展一场政治性的、经济性的、战略性的全方位打压。对此我们要有信心，因为中国能够做到总体上团结，而美国内部在不断分裂。

在对美的舆论宣传中，我们应该抓住对方的七寸，而这个七寸就在于这场社会运动。举个最简单的例子，如何解释中美竞争。政治学理论往往强调的是政治制度的差异，美国是所谓的"自由民主体制"，而中国不够"自由民主"，所以中美之间有矛盾；国际关系学理论认为是大国争霸，双方陷入修昔底德陷阱，这些说法都是有道理的，但问题在于当使用这些理论来解释中美竞争的时候，某种程度上是为美方的对华打压提供了合法性。

从宣传角度来讲，美国对华打压是种族主义的表现。首先我们要"认亲"，强调美国屠杀的印第安人在文化上、种族上跟中国人同源；其次我们要纪念在100多年前被美国奴役的大量的华工，以此证明美国的种族主义原罪。我们打舆论战的时候，不能根据自己的情绪来出牌，而是要根据对方吃哪套来随机应变。由于欧美社会是"罪文化"，我们主张美国"厚颜无耻"，美国人并不会觉得羞愧，但是如果我们宣传美国的对华打压是源自种族主义根深蒂固的原罪，就能够占领舆论的高地，使美国陷入被动。

此外，我们还应该加强对美国少数族裔，尤其是拉丁裔的研究。比如拉丁裔的社会文化、生产生活方式、政治参与、宗教教义跟美国主流社会白种人盎格鲁－撒克逊群体之间有什么样的共性与差异；拉丁裔移民北美之后的美国化，与原有的白人社会的分歧和冲突点在什么地方。只有真正深入地、系统地理解了这些问题，我们的对美政策才是有的放矢的，才是深刻的。

霸权与新教文明

2011 年夏，我曾早早地提醒大家 "逆全球化时代正在悄然到来"，时至今日，连最坚定的全球化信徒都已经动摇了信心。次贷危机之后，民粹主义、保守主义思潮盛行，西方各国右翼政党纷纷在政坛跳脚，逆全球化趋势不断增强。

其实，全球化是一种曲折发展的历史性趋势，随着文明扩张的脚步走向世界，与主导性霸权国家的兴衰相伴而行。过去新教文明引领的全球化浪潮伴随着美式自由民主和市场经济的全球推广，但是如今自由和民主之间出现了对抗与分裂；而在遥远的东方，一群拿着筷子吃饭的人，被新教文明 200 多年以来的暴行所滋扰，更加团结起来……

全球化中的霸权

从世界市场形成开始，全球化在曲折中前进。要想具体分析从 1870 年到当下的全球化进程，我们可以关注彼得森国际经济研究所提供的全球化指标，即全球贸易量占全球 GDP 的比例。

百分比（％）

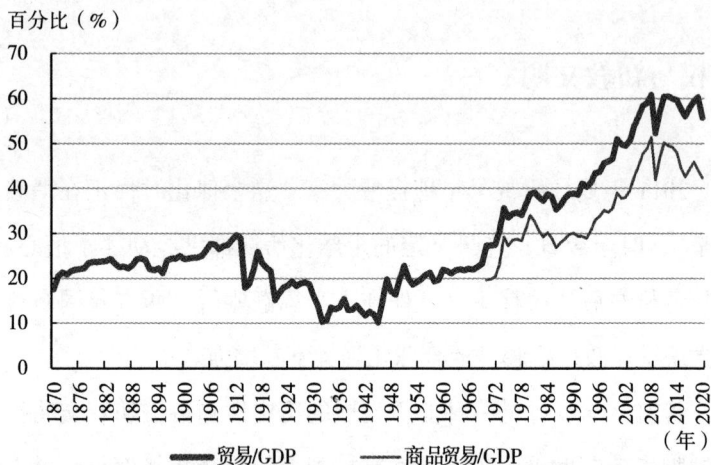

数据来源：1870—1969 年数据来源于我们的世界（OWID），1970—2019 年数据来源于世界银行，2020 年数据根据 IMF 世界名义 GDP 增速以及 WTO 关于商品和商业服务贸易的预测估算

图 1–5　贸易量占全球 GDP 比例

　　总体上全球化的进程可以分为五段（见图 1–5）。第一段是从 1870 年到 1914 年，得益于世界市场的不断发展，全球化进入上升周期。第二段是从 1914 年到 1945 年，英帝国霸权遭受挑战，出现了两次世界大战以及大萧条，影响了国际贸易，这是全球化的下降周期。第三段是从 1945 年到 1979 年，二战之后世界分成两个平行的经济体系，它们互相竞争，可以被称为

"半球化时代"。第四段是从 1980 年到 2008 年，被称为全球化时代，其间有两个重要标志，一个是从 20 世纪 80 年代初开始，中国积极主动地融入美国主导的世界市场体系；另一个是撒切尔夫人和里根总统携手向全世界推销新自由主义全球化，提出一个概念叫"TINA"——这个世界上没有别的路可走（There is no alternative）。第五段是从 2008 年开始至今，是新的全球化下行周期，或者说是全球化的调整时期。当然，除了贸易全球化的指标之外，我们还可以用其他指标，比如，跨境直接投资（FDI）占全球 GDP 的比例，跨境的债券投融资占 GDP 的比例，跨境债券未偿余额占全球央行资产负债表的比例。从专业角度来讲，最后一个指标最能够说明新自由主义全球化，也就是资本全球化的消长过程。

研究全球化的发展进程，必须区分广义全球化和狭义全球化。广义全球化是指 15 世纪人类进入大航海时代之后，原本被高山、大漠、海洋所分隔的几大文明，逐渐联系在一起的过程。狭义全球化是资本流动、国际贸易等具体的全球化进程。这 500 多年来人类的命运越来越紧密地联系在一起，广义全球化的大方向是毫无疑问的，但是实现的过程是曲折的、波动的，具有周期性，这个周期恰恰就是大国霸权的周期。按照金德尔伯格等学者的霸权稳定论的观点，全球化背后的推动力量是霸权，通常是一位或者少数几位相互竞争的霸主，在势力所能覆盖的范围之内提供一些资本和准公共产品，比如安全、和平、贸易规则和市场，这些公共产品推动了整个权势覆盖区域之内的跨境合作。

霸权周期

从以金德尔伯格为代表的这批学者的角度来讲，全球化周期其实就是霸权周期。当 1870 年到 1914 年英帝国的权势达到巅峰状态的时候，整个世界贸易体系是相对开放的，而且开放程度是不断上升的；1914 年到 1945 年，英帝国的权势相对衰弱，地位处于被挑战的过程中，英国主导的全球化就分崩瓦解。在 1945 年到 1979 年的"半球化时代"中，形成了两个平行的世界体系，它们其实就是两个霸权国家分别在各自的势力范围之内提供公共产品所形成的霸权体系。所以一个小国要么加入这个体系，要么加入另外一个体系，如果游离在这两个体系之外，通常无法左右逢源。1980 年到 2008 年之间，其实就是美国独霸的时代。

如果我们回看过去几个全球化浪潮，其实就是由几波狭义全球化共同构成了广义全球化。第一代全球化霸主是荷兰，虽然仅有百万级人口，但是通过大航海运动，它史无前例地推动了商品要素巨大规模的跨境流动，比如香料和军火，实现了人类文明的重大突破，从 15 世纪（大约是中国明代）开始，全世界的人口都有大规模的增长。第二代全球化霸主是英国，本岛拥有千万级人口，通过开展工业革命，在全球引领了工业化的浪潮，实现了资本要素的重大跨境流动，使全球人均 GDP 快速增加。第三代全球化霸主是美国，拥有上亿级别的人口，通过信息技术革命，主导了全球信息化的进程，使世界各地的人们紧密地连接在一起，利用国际贸易结算体系中的地位，推动美元货币的跨境流动。

注意，就像所有动物的胚胎发育过程都要重走进化之路一样，全球化霸主的成长也是逐步实现的，比如在英国的崛起过程中，第一步是实现英国商品的全球化，然后再更进一步实现投资的全球化；在美国的崛起过程中，第一步也是实现美国商品的全球化，然后是美国资本的输出，再然后演进出美国货币的全球流动。所以后一代霸主通常会重新走一遍前一代霸主的发展道路。美国的本土人口是以亿计的，我们有理由相信下一代霸主肯定也会有重大突破，是一个十亿人口规模的国家。

当"刀叉文明"遇上"筷子文明"

从文明更替的角度探讨全球化进程，我们会发现在过去的 500 多年里，主导全球化的有荷兰、英国、美国，中途还有德国等国想跑来抢天下，看起来霸主地位几经易手，但是从文明角度来讲，荷兰、英国、美国其实是一家子，都是新教文明的成员。

新教文明谱系是过去 500 多年西方世界的主题，新教文明的故事是资本主义全球化的主题——过去 500 多年的历史就是新教文明诞生、作乱、抢天下，然后治天下的历史。1517 年，马丁·路德把《95 条论纲》贴到维滕贝格诸圣堂的大门上，标志着新教的诞生，之后花了 100 多年，新教在欧洲的西部、北部地区传播；从 1618 年到 1648 年，欧洲爆发了惨烈的 30 年宗教战争，慢慢地这场宗教战争开始变味了，新教徒和天主教徒互相打不倒对方，最后签定了《威斯特伐利亚合约》，它成为国际关系体系的基本规范，主权一律平等、内政不得干涉等原则就是《威斯特伐利亚合约》所确定下来的。

1648 年之后就是新教徒的天下了，荷兰人开始统治整个世界的海洋贸易体系，此后英国人、美国人相继崛起。新教徒在统治世界的 400 多年里，贩鸦片、贩黑奴、设立东印度公司、屠杀印第安人，在全世界散播痛苦与怨恨；反而天主教徒在其间扮演的角色相对次要。

一切在 2008 年出现了重大变化，东亚文明圈的制造业增加值超过了新教文明圈。所谓新教文明圈国家就是位于欧洲西北部的一些以信仰新教为主的国家，加上北美洲和大洋洲的新教国家；而东亚文明圈国家就是中国、日本、韩国、越南等古代东亚朝贡体系成员。有人说东亚文明圈是汉字文明圈，也有人说是儒家文明圈，而汉字和儒家文化都已经不再是当今东亚国家所共有的特点，只有"筷子"仍然被所有东亚国家所钟爱——大家还都使用筷子吃饭，所以东亚文明圈可以被称为"筷子文明圈"。

"筷子文明圈"的制造业增加值超过新教文明圈，可能是"200年未有之大变局"。跟制造业增加值相伴随的，还有其他一系列指标，比如科技创新、全球顶级核心期刊的发文量、高引用论文的发文量、知识产权与专利的份额，以及全球顶级大公司的权重，把这些指标从不同的维度去交叉，复合比较两个文明圈权势的消长，我相信也是符合这样一个趋势的。

东亚生产网络的崛起

我们中国人经常说自己是龙的传人。二战之后龙腾东方，东亚生产网络崛起，但是率先抬起龙头的不是中国而是日本。日本在工业化成功之后把产业对外转移，带动了一批地区小经济体的崛起，也就是我们所说的亚洲四小龙，我把它们比作东亚的龙爪，之后承接它们的是大龙的身体——中国大陆，而此时此刻正在起飞的龙尾巴就是越南。

东亚的工业化奇迹

二战之后，全球力量对比中最重要的变量，就是东亚生产网络的崛起以及它的扩散，从某种意义上来讲，中国的崛起本身并不是一个独立完整的故事，而是整个东亚生产网络扩张成功的一个章节，当然是里边最重要的章节。

美国曾经是世界上工业化程度最高的国家，二战结束的时候，有 35% 的就业人口是在制造业部门工作，可是到了今天，它的制造业部门只吸纳了 8% 的就业人口。随着美国向亚洲地区输出越来越多的产业资本，向亚洲地区的制造业商品敞开大门，美国的制造业就业占比持续下降，带动了日本的制造业就业人数持续上升。日本的制造业就业占比升至 27% 左右，之后开始停滞，接着逐渐下降，因为日本的人工成本变得越来越贵，所以需要把一部分低端制造业——对要素价格敏感的制造业，比如纺织、服装等，向此前曾经被它控制过的区域，也就是韩国、中国台湾等区域扩散。同理，当亚洲四小龙的制造业就业占比上升到 27% 左右的时候，它们也进入了平台期，开始向中国大陆转移产业。现在中国大陆的制造业就业占比也已经不升反降，背后的原因就是适龄劳动力人口的短缺，而越南承接了不少中国大陆转移过去的产业，制造业就业占比在持续上升。

为什么东亚能够成功实现工业化转型？首先，东亚国家普遍拥有"强政府"，这不是说某国政府相对于外国政府的军事实力有多强大，而是这个政府相对于自身的国民比较强势，能够对国内进行强力的再分配与有效的资源汲取，把资源集中在有利于工业化的那些方向上。

回看过去 200 多年，工业化通常是由强政府来推动的，这跟自由主义经济学所宣传的"小政府，大社会"恰恰相反。而强政府往往由战争而来，所以这也就解释了为什么实现工业化赶超的国家在崛起之前常有大战。比如，德国在工业化之前有统一的战争，美国在工业化之前有南北战争，苏联也是如此。东亚地区成功工业化的经济体，也是经历了惨烈的战争才获得了"强政府"，而那些没有经过战争洗礼的经济体往往保留了很多传统社会的等级制架构，这对于后发国家来说是不利于工业化的。

其次，东亚地区民众的智商高。有的学者认为主要是由于营养和教育，也有些学者认为主要是基因的原因，不管左翼和右翼的学者在智商这个问题上如何争论，一个基本事实是东亚地区是全球人均智商最高的区域，比白人群体要高出 6 个百分点。

最后，东亚文化总体上是不信神的。我曾经去日本参观过一个寺庙，离开的时候看到接待我们的和尚居然拿着香火钱跑到斜对面神道教的神社里边去参拜，同行旅客都感到很惊讶，而日本本地的朋友解释说这是日本文化的特色，对待信仰比较随意。人们重视尘世财富的聚集，而不是来世或者天堂的享乐，所以整个东亚地区表现出一种非常高的储蓄率。

从日本开始，然后到亚洲四小龙，再到中国大陆，现在到越南，整个东亚供应链的范围，从某种意义上看就是过去千年里东亚朝贡体系的覆盖范围。在西方殖民势力的冲击之下，东亚朝贡体系分崩离析，但是非常奇妙的是，几百年之后由于地区生产网络的拓展，它们的命运又重新在经济上紧密地联系在一起。

依附美国的代价

美国作为一个曾经的重商主义国家，为什么忽然之间愿意把产业转移到东亚？第一个原因是日本和亚洲四小龙都是美国的势力范围。美国在日本、韩国等地都是有驻军的，或者享有某种特权，这些国家和地区在地缘政治安全上严重依赖美国。

第二个原因是美国对东亚地区在政治上采取了离岸平衡的政策，造成东亚国家一方面在经济上高度相互依赖，你中有我，我中有你；另一方面在政治上却是两两对立，矛盾冲突不断。这样一种分裂和对立并非偶然，而是一种精心的战略设计。2010 年前后日本时任首相鸠山由纪夫曾经勇敢地提出一个概念叫作"亚洲新道路"，明确提出中日和解，搁置分歧，共同引领整个亚洲走地区一体化的道路，通过大国间的和解与地区的制度化建设来形成一个和平的、合作的、共同繁荣的亚洲。当时他率领了一大批国会议员来访问北京，但是这件事情最终的结果是个悲剧，他的努力持续了不到一年，他就在日本右翼和美国政府的共同操作之下被赶下了台。

第三个原因是 20 世纪六七十年代美国国内的通胀率非常高，老百姓生活很困难，同时左翼民族运动、学生运动、工人运动都开展得轰轰烈烈，所以美国把产业转移到亚洲，一方面，美国进口大量亚洲生产的廉价商品，有助于压低本国的商品价格，降低通胀率；另一方面，美国本土的工会势力会受到进一步打压。即便如此，美国产业也并没有出现完全的空心化，它只是把一部分低端制造业转移出去了，中高端制造业仍然紧紧地抓在手里，美国仍然是全球第一大制造业强国。

东亚模式虽然能够带来快速工业化，但是也有非常明显的缺陷，就是造成国家陷入依附型、出口导向型的发展，用本国民众的劳动和血汗来换取别国的主权信用。21世纪初，美元是世界储备货币之一，全世界尤其是东亚地区把大量的商品卖到美国，同时敞开市场接受美国资本的输入。美国资本在东亚地区赚得盆满钵满，而投资的来源就是各国的外汇储备，在一进一出之间，美国虽然有贸易上的逆差，但是有投资上的大额顺差。用投资收益来支付贸易的逆差，美国国内实现了绿水青山、物美价廉，并且保持了长时间的低通胀与较高速的增长——在经济学上美国人提出了一个概念叫大缓和（great moderation），就是经济增速不错，而通胀率持续保持在低位，这是"美帝"的巅峰时刻，直到中国加入整个东亚供应链中，并不断崛起，美国的好日子才走到了尽头。

东亚去依附

美国在后危机时代推出了一系列维护地区霸权的政策举措，

比如重返亚洲（Pivot to Asia）、再平衡（Rebalancing），以及跨太平洋经济伙伴关系协定（TPP）等一系列相互套叠和相互支撑的大战略。这些大战略的政治和军事侧面，就是挑动东亚地区内各方面势力同中国大陆的紧张和对抗，从而为其有限的军事和政治资源提供权力杠杆和政策抓手。它的经济侧面就是用一个为中国量身定制的 TPP 方案，把中国排除出东亚生产网络，结果由于美国的民粹运动，最后自己临门一脚退出了 TPP。

特朗普政府主动退出 TPP 之后，区域全面经济伙伴关系协定（RCEP）获得了更大的吸引力和发展空间，有望成为东亚地区经济整合的核心。中国在整个东亚地区生产网络、东亚政治经济体系中的中心地位将进一步突出，而且在政治上可以改变目前东亚地区被人离岸制衡、分而治之的被动局面。

东亚族群在美欧社会中非常容易遭受歧视，但是从族群和文化角度而言，东亚人恰恰有很多值得认同和骄傲的地方，比如东亚重视教育、暴力犯罪率低、文明世俗化、勤奋刻苦等。随着移动互联网的兴起，跨文化国际传播的门槛大大降低，未来我们要有意识地塑造一种东亚人的政治认同和广泛的自豪感，为整合东亚生产网络，实现地区的和平、稳定发展提供必要条件。

中美欧的三角游戏

在一道名为"三角游戏"的应用题中，A、B、C 三人持枪决斗，分别站在相互等距的三个点上，他们都知道各自的射击准确率：A 为 100%，B 为 80%，C 为 50%。在决斗中，每人每次只能发射一枪，目标任意，并通过抓阄确定射击顺序，按顺序循环进行决斗，直到只剩一人存活。假设三个人都能明确射击的目标，并且被击中者会立即死亡，且没有人会被流弹击中，那么谁的存活概率最大，谁的生还希望最小？我将在这篇文章的末尾揭晓答案。

我认为未来的中美欧格局，就像这场"三角游戏"，它既是政治上的博弈，也是经济上的博弈，但是不太可能是地缘战略上的、安全上的博弈。未来的三角游戏可能是多重复合的：在军事安全上是中国、俄罗斯、美国的三角游戏，在经济上是中国、美国、欧盟的三角游戏。在这个三角游戏中有一个基本原则，就是北京到华盛顿、北京到布鲁塞尔、华盛顿到布鲁塞尔这三条边，哪条边是最短的，那个中间点就会获得较大的竞争优势。

反华政客的助推

近年来美国对华态度不断恶化，经济关系滑落的速度与力度都远远超过了此前研究国际问题与中美关系的学者所预期的程度。以蓬佩奥为首的一系列美国对外政策与内政安全方面的高级官员都纷纷出来发表反华讲话，尤其是蓬佩奥本人，试图把自己打扮成"新冷战"的主要操盘手。所谓事在人为，关键岗位人员本身的偏好、才干与情感因素，对历史的进程往往具有非常微妙的作用，美国新老两代对外战略问题专家之间的矛盾，对我们理解当前事态也是有帮助的。

美国很多搞对外战略研究的人，凡是研究俄罗斯、研究苏联的，对那个国家、对它的体制、对它的民族研究得越深，了解得越多，就越痛恨俄罗斯，越痛恨苏联；凡是研究中国的，研究得越深，就越会喜欢中国的文化与人民。冷战过程中，在苏联的大国沙文主义与扩张主义的压力之下，诞生了老一辈对外战略问题专家。他们知华却未必亲华，总体上以白人为主，从20世纪70年代开始主动到中国访问、留学。他们之中有不少人是美国名校汉学专业出身，对中国抱有友好的感情，认为中国社会是一个世俗型的社会，主张跟中国进行深度的、广泛的接触，通过经济的融合、文化的交流、政治的合作，最终把中国演变成美国所希望的样子。这其实就是我们所批判的和平演变战略。

和平演变战略是"美帝"体系的产物，追根溯源是罗马帝国体系的再版。随着罗马帝国 600 年旋风式的扩张，西到苏格兰、北到黑森林、东到亚美尼亚高原、南到撒哈拉沙漠，越来越多的邻邦被纳入罗马帝国体系——败者不会被直接消灭，而是与罗马签订攻守同盟，受其保护，为其征战。体系中的邦国两两不能结盟，只维持与罗马的同盟关系，最终形成了以罗马为核心的辐辏结构。所以罗马的力量来源不是那一成一旅的七丘之城，而是整个同盟体系的全部力量。

"条条大路通罗马"的帝国体系为其成员带来了经济的繁荣，也暗中消磨了他们的文明。每个小邦小国的内政都会遭到罗马的操纵，王公贵族的人生理想都是让孩子成为光荣的罗马公民，整个体系就像一口大锅一样，把不同的政权，不同的民族，不同的文化放在一起小火煨炖，慢慢融解。最终它们的社会逐渐解体，独特的文化与绚烂的文明被体系所消化，只留下断壁残垣。

"美帝"体系的运行逻辑也是如此。美国深入地操纵盟国内政，并通过文化输出，诱惑盟国的精英迁移到美国，以成为普通的美国公民为荣。美国人学着罗马的样子架起了一口大锅，妄图"温水煮青蛙"，许多国家都进入了这口锅，享受世界体系带来的和平与繁荣，但是随着时间的推移，这种经济上的获益，是以自身独立性的消失为代价的。

但是现在美国社会内部出现了新一代的对外战略问题专家，他们往往是 20 世纪八九十年代从中国大陆去往美国的华人，这个群体中有一部分人对中国政府、中国共产党、中国的体制，甚至中国的文化抱有强烈的批判态度。他们认为老一代对外战略问题专家是错误的，认为和平演变战略是失败的，主张 "有原则的现实主义"（principled realism）。

虽然蓬佩奥等反华智囊们短期内给中国制造的麻烦相当多，但他们客观上改变了美国过去三四十年实施的和平演变政策，为广大发展中国家认清 "美帝" 体系的真面目提供了 "照妖镜"。

"新冷战" 闹剧

马克思说过："黑格尔在某个地方说过，一切伟大的世界历史事变和人物，可以说都出现两次。他忘记补充一点：第一次是作为悲剧出现，第二次是作为笑剧出现。" 无论特朗普也好，蓬佩奥也罢，他们鼓吹的 "新冷战" 最终会是一场闹剧。第一，他们教育了中国人，唤醒了中国人；第二，他们客观上抬高了中国的国际地位。

2012 年，当时的美国并不愿意平等地对待中国，对华态度已经开始出现了一些负面的苗头，但是奥巴马时代的对华政策主题显然还不是对抗，所以我们可以把奥巴马时代的对华态度概括为不平等，但是不对抗。到特朗普时代，美国却转变态度，不但要自己跟中国对抗，甚至还要号召所谓的整个自由世界跟中国对抗，公开提出口号称中国人搞扩张主义，搞帝国主义，但是他们的潜台词表明他们是平视中国的，承认中国是一个威胁很大的，甚至让他们非常恐惧的对手。在特朗普和蓬佩奥的塑造之下，当前世界的态势就变成了两强并列。

我们在中美贸易摩擦的激烈斗争中稳住了，既没有做出重大让步，又没有最终导致中美经贸脱钩，扛住了这一轮压力测试。当大洋彼岸的国家忙着对中国虎视狼顾时，大陆西端的国家纷纷团结起来，在国际政治中形成了一股不可忽视的力量。

欧盟一体化的新希望

在逆全球化潮流中，中欧关系的重要性被凸显出来。我们看到近几年中国相关部门的领导跟欧盟方面进行了多次密切的沟通，希望一起来推进中欧之间双边投资协定的谈判。作为一个中国人，我从心底里希望欧洲一体化能够获得实质性的进展，这不是一句客气话，因为如果欧洲一体化能够成功，从战略上来讲对掩护中国的崛起，实现世界多极化格局是非常有帮助的。

在新冠肺炎疫情的冲击之下，许多欧洲国家，尤其是南欧国家遭受了很大摧残，早期欧盟并没有给意大利、西班牙等国以足够的、及时的支持和援助，对欧洲一体化的前景造成了很大的负面冲击。但是随着7500亿欧元的振兴基金的到位，以及1.08万亿美元信贷支持计划的出台，现在整个全球市场对未来欧洲一体化的前景开始感到乐观，所以欧元对美元汇率出现了连续的上涨。

欧洲一体化始于法德之间的煤钢联营，通过利益的捆绑来实现两国政治上的和解。在渐进式的一体化进程中，首先是特殊商品，其次是关税，再次是市场准入和共同市场建设，最后上升到了货币的一体化。可是当法国、德国、意大利等国家放弃了自己的本币一起采用欧元之后，出现了产业竞争力失衡的问题。实际上，欧洲内部也存在明显的中心—外围关系，原本各国用各自本币的时候，一国的商品竞争力如果偏强，本币的汇率就会上升；一国的商品竞争力如果偏弱，本币的汇率就会下降——市场有一定的内在调节机制。可是大家按照一定的比例绑到同一辆"欧元战车"上的时候，这种调节机制就消失了，就会出现"强者愈强，弱者恒弱"的局面。

在欧元区建立之前，老牌工业强国德国的经济其实一直十分低迷，在欧洲一体化之后，由于南欧、中东欧地区的商品出口竞争力比较弱，整体上拉低了出口汇率，德国的商品竞争力就得到了加强，也就是说欧元目前的对外汇率对于德国本地的制造业来讲是偏低估的，对于意大利、西班牙来讲是偏高估的。这样一种部分高估、部分低估的状态，使得德国地区的制造业更加获益，而整个欧洲外围地区的产业竞争力持续受到削弱，由此造成了欧盟内部的分配不均。以前通过欧盟体系进行财政转移支付的规模和力度都非常有限，但这一次在新冠肺炎疫情冲击之下的特别援助法案，使人们终于看到了欧洲一体化前景的重大希望。

平衡中美的"第三极"

回顾过去 20 年的历史，欧盟是"中国制造"最大的单一市场，是排名前两位的贸易伙伴，也是中国最主要的技术来源地，而且中国和欧盟之间没有明显的地缘政治冲突，也没有特别多的意识形态张力；尤其是最近这些年，随着中国的进一步深化改革，中国和欧盟在许多问题上的立场其实是趋近的。比如，双方都主张多边主义，反对单边主义，反对霸权；双方在气候变迁、环保以及未来的全球货币体系改革，国际多边机构改革等方面也存在共识。

当然，有些"老欧洲"国家对中国也有不少的情绪，其中一个问题就是中欧之间的产业竞争。中国的"一带一路"倡议拉住了中东欧国家，也就是所谓的"新欧洲"，形成"17+1"的框架，对此"老欧洲"国家，比如德国、法国颇有成见，认为我们在挖它们墙脚。在这个背景之下，2019年欧盟委员会提出了对中国的新定位，他们的报告里把中国定位成"三合一"：第一个是政治和社会制度上的对手（systemic rival）；第二个是重大国际问题谈判上的伙伴（negotiating partner）；第三个是经济上的竞争对手（economic competitor）。

新冠肺炎疫情发生以来，中欧关系从整体上来讲有了比较明显的改善，原因就在于美欧之间的矛盾也在不断上升。比如，美欧在口罩、呼吸机等医疗资源上的争夺，美国对欧盟在德国北溪 -2 号能源管线问题上的施压，美国在应对疫情上众所周知的失败，这些对美欧关系都有负面影响。欧洲社会民调显示欧洲民众，尤其是在疫情过程中得到了中国技术援助、医疗援助的老百姓对中国的观感、印象有了若干改善。

不过，我们对欧盟也不能寄予太高的期望，因为欧盟的财政并没有真正充分地一体化，还不足以成为一个团结的"国家"。由于欧盟拥有 27 个成员国，每个成员国都有重大事项否决权，所以要想让这个混合主体在重大问题上达成共识是非常困难的。

像鸽子一样无害

我想，通过对中美欧三方的分析，聪明的读者们已经有了解决"三角游戏"的思路。寻找该题的答案，首先要确定三人各自的博弈策略，并寻找纳什均衡。A 和 B 显然会互认对方为首先要解决的对手，在把首要威胁解除之前谁都不会射击 C；如果 C 率先将任何一人打死，都意味着他将面对一个比他强大的对手，而且对方拥有先射击的优势，因此 C 的最佳策略是朝天开枪，直到有一人被击毙，而此时肯定正好轮到他射击。所以 C 的存活概率为 47/90、A 为 27/90、B 为 16/90，命中率最差的 C 的存活概率最大，实力居中的 B 的存活概率最小。

理性主导下的行为服从于主体对目标和手段的认知，因而在由不同主体使用不同战略构成的斗争中，力量的最终效果会被多主体的认知结构所扭曲，在这种扭曲作用下，"实力越强越安全"的常识往往是错觉。在经典现实主义看来，战争的重要起源就是两国之间为权势和安全而不得不进行的争斗，其中最经典的表述当数修昔底德在两千多年前的名言："雅典权势的增长引起斯巴达的恐惧，使战争不可避免。"而在 A、B 双方形同鹬蚌之势的时候，C 却坐收渔翁之利。C 的特点在于有起码的力量而成为独立的玩家，但与任何一方相比在第三方眼里显得较无害，这不由让人想起英国战略思想家利德尔·哈特引用过的《圣经》中的名言：我差你们去，如同羊进入狼群。所以你们要灵巧像蛇，驯良像鸽子。"无害"这点比聪明更要紧。

从 20 世纪 50 年代起，中国逐步改变了向苏东阵营"一边倒"的战略，同美苏双方都拉开一定距离。在核政策上，首先建设自己的核力量，并宣布绝不首先使用核武器。在大战略问题的处理上，比如 1962 年中印边界冲突中，中国显示出非凡的自制力，所有这些都让我们联想到三角游戏中 C 的基本特征。美苏中三角游戏的结果大体符合理论的暗示：苏联解体了，美国保住了老大的地位，但相对而言，中国取得了最快的进步，迅速发展为政治经济大国。

随着中国实力的增长，无论是在全局性的战略结构还是在众多地缘战略关系中，中国的角色将要、几乎或者已经从 C 变为 B，而我们也越来越难以让人相信，我们仅仅并且永远是只鸽子。要想在实力足够强大之前避免 B 的命运，可能只有一条路可走：让别人代替我们成为 B。所以，在未来的中美欧"三角游戏"中，对中欧关系要稳住，我们乐见其成，但是提出的目标也要务实，底线是确保欧盟最终不会成为美国联合起来打压、围堵中国进一步发展的战略伙伴；而对中美关系要求同存异，未来中美之间的竞争形式很可能跟今天存在巨大差别。为了中国崛起的大战略利益，某些必要的实际成本和道义代价都是应当承担的，长远的历史眼光和宏大的战略眼界可以帮助我们在世事变迁中保持冷静和耐心。

经济缘何繁荣

约瑟夫·斯蒂格利茨（Joseph E.Stiglitz）教授在《美国真相》一书里批判了美国不断堕落的资本主义模式，表扬了中国特色社会主义市场经济最近几十年来的发展成果。他认为中国特色社会主义市场经济是一种独立的探索，能够更好地平衡国家与社会之间、政府与市场之间的关系。在民本主义政治经济学中，政府与市场之间并不是博弈与平衡的关系，而是创造与被创造的关系。市场本身也是政府所提供的一种公共产品，繁荣的关键在于公共部门，而不是私人部门。

离不开的公共产品

从 20 世纪 80 年代至今，全球流行的主流意识形态是自由主义，尤其是新自由主义，认为政府是一种"必要的恶"——尽管必要，但是越小越好。这种观点其实是非常错误的。市场之所以能够繁荣，不是因为企业家精神，而是因为政府能够提供有效的公共产品（见图 1-6）。

知识产权保护　贸易条约和平安全基础设施　科研教育

图 1-6　离不开的公共产品

无政府状态的社会，是人与人为敌的丛林社会。在这种状态下，不要说经济繁荣，就连安稳度日都是一件不容易的事情。当其中一家大的暴力集团能够垄断暴力时，政府就出现了，和平、安全和社会秩序就能出现。

有了和平、安全和秩序之后，经济活动就得以正常开展，但还不足以带来繁荣。经济繁荣需要扩大交易和生产规模，为此需要进行基础设施建设。道路、桥梁、港口、机场、码头、水利、电力等基础设施到位之后，每个人在社会中生存、发展的交易成本就会降低，交易半径就会扩大，生产规模就会扩大，经济的规模效应就会出现。

一国的企业家如果非常有野心，要把产品卖到国外去，在没有国际贸易条约的情况下，就会因走私被判罚。国际贸易条约也是一种公共产品，英国当年之所以能够率先实现工业化，就是因为它靠船坚炮利打开了他国的国门，率先享有了全球商品市场的准入权。

假如企业家们不满足于只发展低端制造业，而要进行高科技、高附加值的经济活动，他们就需要另外一些公共产品来支撑，那就是基础科研、基础教育。有了大量的科研、教育投入，整个社会的技术进步就更加快了，同时这个过程离不开政府对知识产权的有效保护。知识产权不像其他的天然产权，它的保护成本更高，要想鼓励企业研发投入，政府需要在专利保护方面扮演非常积极的角色。

下面我想用更加具体的模型化方法来阐述政府跟市场之间的互动关系（见图1-7）。

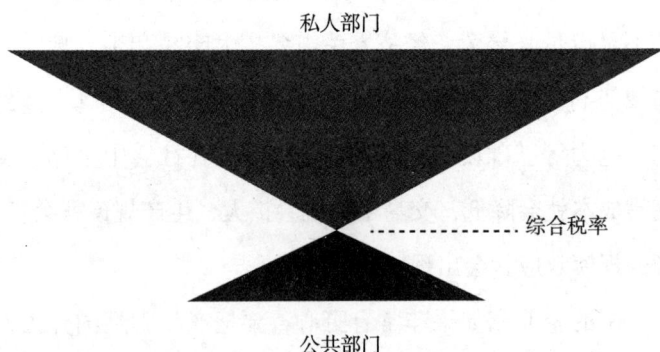

图1-7　政府—市场模型

模型底边是公共部门，顶边是私人部门。政府提供的公共产品越多，私人部门能够创造的财富就越多，两者之间不是你进我退的零和博弈，而是共生的、相互映射的关系。模型中还有一个关键的中心点——综合税率，即真实税率。在保证公共产品供给，也就是公共部门规模不变的前提下，综合税率越低，映射出私人部门经济活动的财富创造过程就越大。

高税率不是贫困之源

目前人类社会发展的样板不是北美，也不是中东，而是北欧。北欧地区不仅拥有全球最高的人均 GDP，而且每百万人口中亿万富翁的比例也很高。令人惊讶的是，一个实行全球最高税率的区域，居然是"玩"市场经济最成功的区域。北欧地区的成功，反映了公共部门跟私人部门之间的映射关系——税收高不会造成企业家罢工，而会给予政府更多资源，只要进行恰当的监管，绝大部分资源都能够转变成有效的公共产品，使私人部门的经济活动更加繁荣。

全球许多发展中国家之所以穷，不是因为它税率高，而是因为它的公共部门无法为本国国民创造足够多的公共产品，所以导致私人部门无法组织足够多的经济活动来创造价值。所谓的现代化，其中一个重要指标就是社会的集体行动能力，与政府的组织、动员、规范、监管能力息息相关。

只要市场是繁荣的，哪怕税率比较高，也不用担心企业家出逃，因为市场在哪里，企业家就会在哪里。在经济活动中要区分两类人，一类叫企业家，另一类叫商人，这两类人进行不同的经济活动，一类创造财富，另一类掠夺财富。当一个国家减税的时候，可能更多地鼓励了那些掠夺财富的人，让他们更方便、更快捷地积攒财富。企业家需要的是法治环境，以及公平公正的司法和执法，而不是一时的减税。

近年来中国也有很多舆论受到了自由主义经济学与利益集团的影响，认为中国的税收太高了。实际上如果进行全球比较，我们会发现中国的综合税率还是比较合理的，跟美国差不太多。当今中国迫在眉睫的任务恐怕不是给企业家减税。当产能过剩而需求不足时，企业不得不向它的消费者进行让利，减税降费所提供的政策红利自然会流向下游客户，被最终消费者占有。因为中国是全球最大的出口国，所以我们的减税降费政策，实质上是对外输出了通货紧缩。换言之，如果我们现在减税降费，就相当于通过增加后代债务的方式，为全世界的消费者输出了通货紧缩，这反而加大了中国对外贸易的竞争难度，使我们的外部环境变得更加紧张。

在外需难以扩张的背景之下，我们不如把眼光适度地转向国内，做好内循环。中国年轻人背负的财务压力其实是非常大的，他们的储蓄率非常低，各种各样的成本制约了他们的消费能力。做好内循环的第一个工作就是给年轻人发钱，鼓励年轻人消费，尤其是鼓励年轻人生孩子。生一个孩子所带来的支出是海量的，比如奶粉钱、尿布钱、家政服务的钱、买玩具的钱，还包括旅游、家教等发展消费的钱，所以无论给他发多少钱，他都能花出去。表面上这些钱没给企业家，但是当你补贴了消费者的时候，消费者的消费行为会使这些钱以利润的形式转移给企业家，而这时候企业家们都是愿意投资的，这样中国的经济才会真正获得活力。

从工业时代走向数字时代

2017 年，习近平总书记在人民大会堂接见回国参加驻外使节工作会议的全体使节并发表重要讲话，其中提到"放眼世界，我们面对的是百年未有之大变局"。这是对新时代外交工作的新挑战与新要求，也是对全人类经济社会与生活方式正在经历的重大变迁的精练总结——我们正在从工业时代走向数字时代。

工业文明与大众政治

众所周知，在过去的两三千年里，人类社会主要处于农业文明和牧业文明阶段，从农业文明向工业文明的转变，是从欧洲最先开始的。在过去的 200 多年里，首先是英国，接着是欧洲大陆和美国相继实现了工业化，然后工业化的浪潮一波又一波地向东亚地区蔓延。工业文明与农业文明相比，其所能提供的生产力和承载的人口，有着质的飞跃。不过到目前为止，真正意义上进入工业文明时代的经济体的人口占全球总人口的比例还是比较低的。

与工业文明相适应的政治形态，我们称为大众政治（mass

politics）。大众参与政治的方式是多种多样的，可以通过大众上街实现，也可以是被动员地参与。在过去200年里，全世界主要大城市开始出现大广场，目的就是承载大规模的群众动员过程。

大众政治时代可以有不同的政治实现形式，有一种是自下而上的，比如欧美自诩的"自由民主体制"。这种体制以选举为核心的政治环节，民众有相对自由或者说是被操纵的政治表达权利。另外一种大众政治形态，是通过自上而下的政治动员来取得社会共识的。无论哪种政治实现形式，都是大众政治时代的产物，都是教育普及的产物，都是大众传媒发展的产物，都是一种所谓的现代政治，都是跟工业文明相兼容的。

数字时代的蛋糕刀

2000年之后，世界几乎是在短短的20年里同步进入了数字时代。人类的科技进步，主要是有利于再分配，而不是创造新财富；主要是以更低的成本，更便捷的方式，更少的人力去满足原有的需求。

数字经济、线上经济发展起来之后，在很大程度上正在快速地取代传统的零售分销体系，造成了巨大的再分配效应。在这个过程中，各行业、各种产品的生产厂家的市场集中度进一步提升。原来，市场上可能有几千家厂商，它们分布在全国各地，分别经营地方市场，线上销售却打破了各个地方对本地小厂商的保护，头部企业有更大的规模效应，借助线上销售平台可以消灭这些小竞争者，与此同时，线上渠道相对于生产商的谈判地位也更强了。曾有企业家朋友跟我抱怨被互联网巨头剥削，这个互联网巨头欠了他很多货款——货虽然卖出去了，账期却有意地被拖得非常长。生产型企业是需要很多流动资金的，资金不够就需要向互联网巨头借钱，换言之，互联网巨头利用自己的强势谈判地位，扣押了生产商的资金，再放贷给它们。总体上，线上经济有利于头部企业消灭小竞争对手，而又更有利于具有天然垄断性的企业或者天然寡头平台去剥削生产商。

还有一种再分配效应是什么？厂商相对于消费者的议价能力更加强大了。它可以精确地利用大数据来推算消费者的需求，而且还可以区别不同的消费者群体。比如，一家美国的互联网企业，可以利用大数据计算消费者家旁边有几家潜在的供货商，当消费者周边有供货商存在的时候，它会提供一个比较低的价格；当周边没有其他竞争者的时候，它就会报高价。据说，某些从事旅游业的互联网商家，可以计算消费者对它的依赖程度，当它发现某些消费者特别忠诚，特别依赖于它的时候，它就会"杀熟"。

转向小众政治

今天，互联网成为人们获取信息的主要渠道。互联网时代信息传播模式下的政治参与被称为"小众政治"。原有的社会共识被瓦解了，每个个体不再是被动地接受别人的动员，接受别人设计的信息传播过程，而是更积极主动地去寻找自己喜欢的、自己偏爱的信息源，甚至自己就是新的信息源，对信息进行再加工、再传播。

在教育普及、大众传媒的时代所形成的大众政治标配的治理体系和治理能力，正在迅速地衰退。全人类，从最发达、最先进的国家到最落后的地区，几乎同时迅速地步入"小众政治"时代，这对全人类的政治稳定提出了巨大挑战。在这个时代中，谁的内政外交搞得好，谁就能在世界政治舞台上占据中心地位，就能够获得更大的发言权。在这样的背景之下，党的十九届四中全会所提出的"国家治理体系和治理能力的现代化"，是走在了时代的前列。

社会政治大变革

总体来看，数字时代经济模式的创新和科技的进步产生了一系列社会政治后果。

第一个社会政治后果是贫富分化进一步加大。未来如果没有系统性、制度性的政府干预，那么贫富分化将进一步加速扩大。未来劳动将会成为人类生活的一种特权，而不是天赋的人权。换言之，以前劳动是被视作普遍的、无奈的选择，而未来多数人的劳动将不会被社会需要，人们的生活方式将发生重大改变。

第二个社会政治后果是大企业跟政府的谈判地位将变得更强，尤其是数字巨头。以前大的跨国公司富可敌国，在跟一些中小型国家谈判时非常有优势，甚至可以通过政治献金、捐赠、贿赂来操纵一些大国的内政；但是在数字时代，所有国家跟全球数字巨头的谈判地位很可能会变得非常弱，因为如果不与它们合作，国家将落后于时代，如果要使用它们的服务，就不得不接受数字巨头的垄断地位。

第三个社会政治后果是原本稳定的社会政治经济形态均衡，会被数字经济、数字社会所带来的技术冲击彻底打破。比如美国、欧洲中产阶级社会所谓的自由民主制度和市场经济体系都会被数字时代冲击得体无完肤。数字经济的发展，消灭的主要不是蓝领的工作，而是白领的工作，大家现在往往担心，自动驾驶技术成熟之后，全世界几千万驾驶员将会失业，但是我更担心现在大学毕业生所从事的绝大部分白领工作可能正在消失。比方说现在特别热门的金融学，许多朋友都喜欢让自己的孩子去学金融，我是持反对意见的。在负利率时代与人工智能技术进步的双重冲击下，未来金融业所能提供的就业机会将会不断萎缩。2014年我曾经去过高盛和巴克莱（原先的雷曼）两家公司的总部拜访，他们的交易大厅（trading floor）有两层，每层800人，密密麻麻坐的都是高智商的交易员。可是两年之后，他们公司的朋友告诉我说，两年前你曾经见过的那些交易员，现在都已经转岗，甚至失业了。据说他们公司用两个大的人工智能系统取代了绝大部分交易员，取得的效益比原先这1000多人干得要更好。

传统的"铁饭碗"职业教师，很快也要被线上教育的大潮所冲击。以前在一个大会议室里边讲课，受众也就是几百人——最多的时候，我曾经同时给800人讲课，但是现在一场直播轻而易举就能突破50万人同时在线。这意味着假如原本每一个细分领域都需要1万个老师来讲课，未来可能就只需要几百个甚至几十个最顶级的老师来直播教学。

第四个社会政治后果是数字时代很可能形成美国和中国两个新世界中心，进入数字的"双核"时代。在"双核"时代，中心国家对外围国家更有优势，外围经济体在两个超级大国面前是单向透明的，很可能许多国家的政府都搞不清楚自己的老百姓到底有多少钱、到底在干什么、到底在想什么，而这两个国家了如指掌，从而中心国家操纵外围国家的政治、经济、社会、文化、舆论就会变得非常容易。

第五个社会政治后果就是主体文明对边缘文明的替代将会加速。所谓的替代就是指英语、汉语、西班牙语这三大语言，以及以这三大语言为基础的三大主体文明对其他文明的冲击替代作用，将表现得非常明显。这样的替代过程可能是非常残酷的，哪怕是历史上曾经非常辉煌的古文明或近现代文明，一旦没有赶上数字时代的步伐，那么原本需要花近千年才会出现的文明替代过程，未来可能只需要一两代人的时间就完成了。所以从这个意义上来讲，在中华民族、中华文明伟大复兴的过程中，中国的互联网企业肩负着巨大的责任。

进入数字时代，在探索如何建设新时代中国特色社会主义制度上，一定不能刻舟求剑，在教育制度、退休制度、养老和育儿制度、税收制度、所有制划分上都需要有所变化。未来是一个人工智能普遍应用，人类终身教育，终身工作，以服务老幼群体为主要就业方向的时代。资本、生产资料的所有制不再重要，数据将成为最重要的生产要素，数据的所有制将成为未来所有制制度的核心。

第二章

全球新秩序

全球化新风口

众所周知，中国是全球化时代的赢家之一，正因如此，许多人担心全球化逆转不利于中国的继续崛起。在我看来，这种观点属于刻舟求剑型思维。中国的成功之道在于与时俱进，锐意改革，而不是某些人认为的"靠美国的帮助发展起来"。全球化时代的改革开放是向西方学习工业革命与市场经济，用邓小平同志的话说，"一个是对西方发达国家的开放，我们吸收外资、引进技术等等主要从那里来。"如今世易时移，我们要进一步深化改革开放，但是新时代的改革是社会主义市场经济制度的自我完善和独立探索，新时代的开放则是以我为主的、面向全球的开放。春有百花秋有月，夏有凉风冬有雪，只要我们应对得当，与时俱进，抓住全球化新风口，每一个时代都可以是战略机遇期。

全球化大退潮

大航海以来的 500 年里，全球化在周期往复中曲折前进，与主导性帝国的权势消长密切相关。从国际关系或者国际政治经济学的视角考察全球化，一个比较主流的观点是霸权稳定论，认为主导性帝国的巅峰时期是全球化推进的稳健阶段，一旦主导性帝国权势不稳、自信心消失，那么它所推动的这轮全球化就会陷入调整和消退。

上一轮全球化扩张期是 1880 年到 1914 年，也是英帝国的巅峰时刻，背后既有自由主义意识形态的流行，又有金本位制度的贡献。1870 年德意志帝国统一，从法国勒索 50 亿法郎黄金赔款之后就开始学习英国的金本位，随后日本等其他国家陆续跟进，金本位制度开始成为全球主要经济体普遍采纳的货币制度。各国统一货币单位之后，配合英国资本的全球输出，自由贸易得到了长足的发展。

1880 年到 1914 年全球化的各方面指标是明显上涨的，随之而来的逆全球化时期则是英帝国体系的崩塌阶段，主要是两次世界大战以及中间的大萧条。考察彼得森国际经济研究所计算的全球化指数（见图 2-1），即全球贸易占全球 GDP 的比例，明显表明：全球化在 1870—1914 年是上升期；1914—1945 年是下调期；1946—1980 年是美苏分化的"半球化"时期；1980 年以后是新自由主义全球化时期，主要标志是中国开始改革开放，融入世界市场体系，也有学者从 1991 年开始计算此轮全球化。

全球化自二战以来首次退潮

贸易开放指数，1870—2017

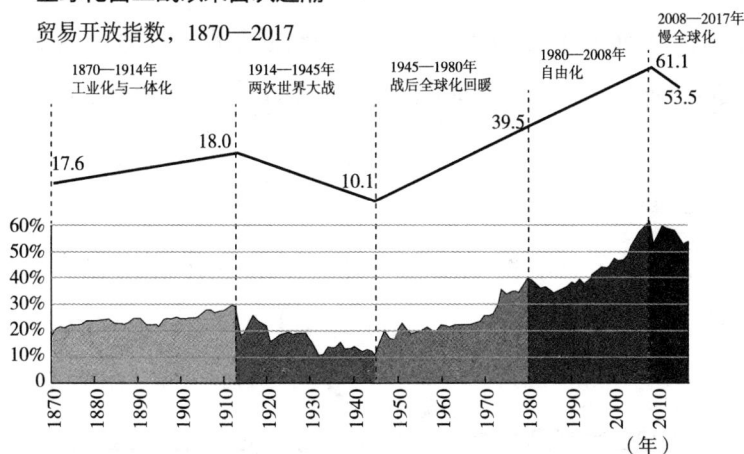

数据来源：彼得森国际经济研究所

图 2-1　全球化指数

无论如何，从 1945 年到 2008 年，全球化指标都是持续上涨的，2008 年以来，慢全球化、逆全球化和去全球化趋势不断加强，全球贸易占全球 GDP 的比例在金融危机之后持续下行，2020 年突发的疫情本身不足以改变它的进退方向，只能加速这一趋势。也许未来国际贸易还会再创高峰，全球化进程还会继续，但是我个人对全球化的前景表示悲观，除了贸易数据之外，还有一系列现象暗示了全球化的前景，包括英国脱欧和特朗普当选。欧美的政治新势力都反对跨境人口流动，一旦人口流动的趋势被阻碍，其他全球化指标必然会受到影响。

举例来说，20 世纪 70 年代至今的 FDI 占全球 GDP 比例，也就是 FDI 全球化指数，总体上是一路上升的，于 2007 年达到顶峰，然后一路下行，创了新世纪以来的新低（见图 2-2）。

百分比（%）

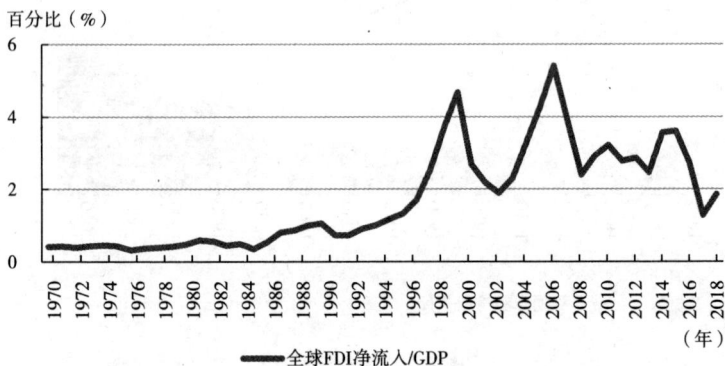

数据来源：世界银行

图 2-2　FDI 全球化指数

除了对商品和服务的跨境交换、实体产业的跨境投资和并购进行考察之外，我们还要考察金融的全球化程度，通常关注两个指标：第一个指标是国际债券未偿余额占 GDP 的比例，这个指标在 2008 年之后出现了调整，但是下跌的比例似乎不多（见图 2-3）。这其实是货币扩张导致的错觉，因为金融危机之后美国、欧盟、日本、英国等主要央行拼命印钞票，货币发行量大幅度增加。

百分比（%）

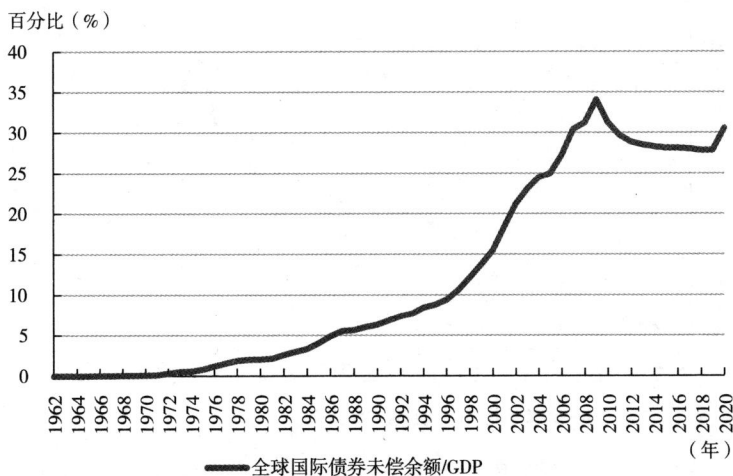

数据来源：1962—1979 年数据来源于世界银行和国际清算银行，1980—2020 年数据来源于 IMF 和国际清算银行

图 2-3　金融全球化指数（债券）

第二个指标采用 1970 年之前可比的逻辑，即考察在同等的货币基础之上，净货币之外衍生出的跨境信贷与全球五大央行的资产负债表的比值，我们就能看到比较明显的下跌趋势（见图 2-4）。一系列客观且可计量的指标都说明了这样一个趋势：2008 年代表了本轮美国主导的新自由主义全球化的巅峰，此后的 13 年里，全球化持续退潮。

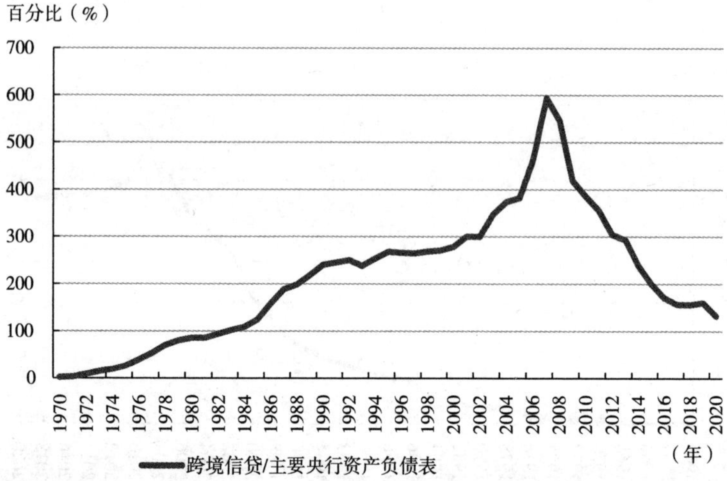

百分比（%）

注：主要央行包括美联储、欧洲央行、日本央行、英国央行和中国人民银行，央行资产负债表数据扣除外币资产、SDR、黄金（有个别央行未全部扣除）。1970—1998 年欧洲央行数据根据 1999—2004 年 5 年数据增速的平均值折算，1970—1996 年日本央行数据根据 1997—2002 年 5 年数据增速的平均值折算，2002 年开始纳入中国人民银行数据，2014 年开始纳入英国央行数据。

数据来源：万得、香港环亚经济数据有限公司

图 2-4　金融全球化指数（跨境信贷）

逆潮而上的数字经济

为什么会出现全球化的全面退潮？

逆全球化的动能很多。第一，华尔街在美国内政中的失势；第二，新自由主义理论在全球尤其在西方的影响式微；第三，美国国际权势相对衰落；第四，美欧社会的婴儿潮一代老去，导致全球总需求增长停滞，这也是经济学研究比较看重的底层因素；第五，通货紧缩和低利率现象持续发生，20世纪80年代美欧倡导全球化的大背景是高通胀和高利率，把产业外包出去对降低国内通胀是有帮助的，可是现在西方国家普遍陷入通货紧缩，所以这个时候打贸易战对本国的负面影响是可控的；第六是西方蓝领、中产阶级在政治上的翻盘与民粹力量的上升。

1979年以来的新自由主义全球化浪潮是由英美金融资本推动的，它们在全球所创造的增量财富主要由华尔街和伦敦金融城以及美国西海岸的高科技部门所获得，但是这个世界上有些群体成为受损者，比如英美白人蓝领阶级：30多年来他们的收入没涨多少，但是失业率、离婚率、破产率、吸毒率、犯罪率、自杀率都大幅上涨了。2008年全球金融危机之后，作为罪魁祸首的美国金融部门并没有受到惩罚，反而借助量化宽松挣得更多红利，引发其他阶级的普遍不满。2016年，当白人蓝领群体试图用自己的选票来表达不满、改变命运的时候，发生了英国脱欧和特朗普胜选这样的政治黑天鹅事件。世界历史告诉我们，贸易战仅仅是逆全球化时代的一种常见症状而已，其间往往还会发生政治思潮极化、强人政治，乃至大国战争等并发症。

我认为当前的逆全球化中，全球化各子项的分化趋势是这样的：首先，经济和技术全球化可能会倒退回冷战期的"半球化"，也就是类似于1945—1990年的两个平衡的国际体系。现在中美在技术上的切割已经不可挽回地开始了。

其次，疫情防控期间人口流动的全球化全面停顿，负面影响可能会持续不止一两年。我对两年之内世界彻底消除疫情的影响不太乐观，欧美国家疫苗问题频发、特效药迟迟未能研发上市，恐怕人类还需要做好与新冠肺炎疫情打持久战的准备。即便全球疫情结束之后，人员的跨境流动也难以恢复到历史上的峰值。

最后，全球新冠肺炎疫情背景之下，数字经济的全球化反而正在加速。数字经济构成了全球化的新风口，跨境电商正在蓬勃发展。以前跨国公司都是超级大公司，能够进行资源配置和资本配置，但是现在由于移动互联网的大规模普及，5G时代来临，许多中小企业可以跨国运作，尤其是在以信息和知识为基础的业务领域，绝大多数跨国公司将是中小企业而不是过去的大企业。

疫情防控期间，一些相识不久的网友一起组织了线上合伙企业，地理上这些人完全处在不同的时区，管理上互相之间不是上下级的关系而是平行的分工和纵向的分包，在全球大萧条的环境下竟然取得了不错的成绩。在数字经济的冲击下，原有的经济业态将出现重大变化。

数字货币将是大国主权信用在全球各地，尤其是发展中国家拓展的新利器。以前许多发展中国家的普通民众是没有金融支持的，甚至没有银行账户，但是数字货币，尤其是中国这样的大国推出的主权数字货币，可以在全球各国进行延伸。一些中国互联网企业已经在"一带一路"沿线国家拓展了十亿量级的用户，一些数字经济全球化的场景将以此前难以想象的方式快速展开。

以我为中心的全球化

在印度神话中，我们每个人都是梵天神梦境中的一个幻影而已，这个类比用以解释全球化和"美帝"体系非常适切。做梦的主体是"美帝"，做的梦是新自由主义全球化之梦，而其他所有国家、企业、家庭、个人，都不过是这个梦境中的一个角色或场景而已。在以美元信用和美国消费市场为基础的"美式全球化"体系中，其他经济体的所有进步和努力，都只会让美元的购买力更加强大，而美元信用的创造是无穷的，信用扩张的真正受益者是"美帝"。因此只要这个体系持续运转，其他国家都不可能在规模和质量上真正超越美国，这是由全球化游戏的结构和分工机制所决定的。二战后，无论是苏联、日本还是欧盟，其经济规模和竞争力都无法超越美国，原因即在于此。挑战者通常情况下是不可能战胜占据了体系中心的霸权国的，因为其挑战的不是霸权国本身的国民与国土，而是包括自身在内的整个世界资本主义体系的力量和资源。

世界市场体系的强大之处在于，短期内它可以带给追随者以更好的福利和更多的交易机会，但是长期看将会"消化"外围追随者中的异质文明，包括其制度、语言和组织体系。当年美国寄希望于通过接触政策而演变中国，这种战略自信不是毫无根据的。如同古罗马时期的体系一样，外围国家的精英必然以讲拉丁语或英语为荣、以能够移民至罗马或美国为家庭梦想。而要跳出这个体系也非常难，因为大部分的政府和领袖都难以承受离开体系的风险和困难。所以，只要保持在以美元信用和美国同盟结构为基础的新自由主义全球化体系之中，中华民族伟大复兴其实是水中月、镜中花。追随美国仅 30 年，中国的精英阶层便纷纷转移资产、转换国籍；如果继续随波逐流 300 年，那么汉字的存在都将是存疑的，更不用说社会的稳定了。每念及此，尽管作为一个典型的国际化精英且享受了全球化时代的不少好处，笔者却总是深以民族前景为忧。

从这个意义上讲，特朗普的逆全球化行为，却打开了中华民族伟大复兴的重大战略机遇窗口。帝国的政治经济学本质是杠杆，而特朗普的所作所为就是主动去杠杆。他以一种自杀式的疯狂向全世界同时发难，以自鸣得意的食言而肥来营造不确定性以牟取谈判中的短期好处，用各种"退群"和"推倒重来"让这个时代打上自己的烙印。我称之为牟取"违约红利"：借了信用卡不还，相当于得到一笔红利，但是长期的代价将是昂贵的。他的这种倒行逆施相当于给全世界做"美国梦"的人们设置了一个"叫醒服务"。原先以美国为中心的辐辏结构正在发生快速的变化，连横正在转变为合纵，多极化时代真的要到来了。在这个时代里，中国经济独立并超越美国才是可能的，以我为中心的全球化才有机会。大礼不辞小让，与这样的战略机遇相比，对美出口的那点可能发生的损失，不值一提了。

为了在逆全球化时代抢占先机，第一，我主张中国应该顺势而为，伺机而动，而不是逆势而为。在我们无法承受每年5000亿美元贸易逆差的背景下，中国目前还缺乏担任全球化旗手的实力和能力。美国之所以能够从 20 世纪 80 年代开始扮演全球化的旗手，其中一个重要条件就是美国持续数十年的贸易顺差消失了，开始出现持续扩大的贸易逆差，而且其占 GDP 的比例也在不断扩大，并伴随着国内蓝领、中产阶级的萎缩等。

在中国的意识形态和政治结构中间，这条路目前是不太现实的。如果一国不愿意承受巨大的贸易逆差，基本上很难接棒美国，扮演全球化的新旗手，因为它无法替代美国向全球提供增量的贸易逆差让大家分享。所以关于全球化，我们提的口号要实事求是，量力而行。

第二，"一带一路"倡议应该做战略性的升级和集中，投资的"面"不能铺得太广，饭要一口口吃，仗要一个个打。我们要集中火力做好可控区域的区域经济一体化，重点支持支轴国家，而不是"撒胡椒面"。如果说全球化有四季周期的话，现在正处于深秋季节，享受到了此前积累的成果，但是冬天还在后面，要储存足够的能量扛过寒冬。按照上一次逆全球化周期整整 30 年的长度计算，中国可能还要等 20 多年，到 2040 年之后再扮演旗手，那时才是水到渠成，事半功倍的。

第三，我们要抓住新风口，有选择地主动推进局部开放。作为"美式全球化"的追随者和支持者，中国并没有被美国的自由主义完全催眠，有一些东西做了必要的保留。以前我们实行了非常合理的资本项目管制和互联网管制，而且效果非常好；凡是不搞这两项管制的国家，都出现了某些问题，比如一些发展中国家提前放开资本项目管制导致了金融危机；欧盟和日本没有搞互联网管制，结果被美国的互联网五大巨头赢家通吃，在互联网经济时代全面落伍。到现在，我们要反其道而行之，中国的企业在金融领域和互联网经济领域相对于广大发展中家存在某些比较优势，因此要开始主动并有节奏地放松资本项目管制和互联网管制，以便让中国企业抓住新风口。正如上文所述，逆全球化时代不是完全的倒退，而是"K"型的分化增长，数字经济的全球化是有进展的，就如同寒冬中盛放的蜡梅。

和平崛起的原则

和平与发展是当今时代的主题，也是全人类共同的美好愿景。可是有一个国家坐拥全球最先进的武器装备，却整天鼓吹夸大别国的军事威胁；有一个国家军费支出常年稳居世界第一，却欲壑难填，成天致力于研发升级武器装备。也有一个国家，它的血液中流淌着数千年的和平基因，虽有利爪却甘愿雪藏，身怀宝刀却铸剑为犁，始终坚持和平崛起的原则，积极主动维护国际秩序，走出了一条独具特色的和平发展道路。

历史的相似

统计学上有个概念叫作"幸存者偏差"，指人们只能看到筛选之后的结果，却看不到筛选的过程，往往忽略筛选过程的关键信息，因此别人的经验学来其实未必管用，真正有价值的是别人的教训。德意志第二帝国短短半个世纪的国运，其兴也勃，其亡也忽，由于在大战略上的失败，它的突然崛起也被突然地打断。从全球历史变迁来看，当今中国在自身的国内、国际政治战略处境中间跟 20 世纪早期的德意志第二帝国有不少的相似之处，所以中国想要走和平发展的大国崛起道路，必须高度重视德意志第二帝国的经验教训。

简单总结一下，中国和德意志第二帝国有十点相似之处。

第一点，中、德都是后发的工业国，抓住了新一轮工业革命的战略机遇，实现了对原有大国的经济赶超。

第二点，中、德都与原有的大国，也就是老的世界体系霸主，保持了长期的盟友关系，并且取得了多场全球性战争的共同胜利，然后随着双方实力的接近，关系趋于反目。德意志第二帝国以及前身普鲁士，在政治传统上跟英帝国的关系非常良好，双方王室有多代的通婚，在多场欧洲的混战中间都保持了盟友关系。中国和美国在整个20世纪中间也是以和平为主流，比如说中美在第一次世界大战中站在同一个战壕中间，在第二次世界大战中也都是同盟国的成员，在冷战的早期，中美之间有几次对抗，在朝鲜战场和越南战场都有血淋淋的交手，但是到了冷战的后期，中美双方的关系又趋于缓和。

第三点，中、德都是陆海复合型国家，既有陆权的利益，又有海权的需求，而且原先都是安于陆权，所以跟世界体系的老霸主英国、美国这两个典型的海洋霸权之间构成了互补关系，双方相互竞争的一面相对少一些，在多次战争中间都是盟友关系，在关系越来越紧张之后又都想过重温旧梦。比如说1901年前后，英国和德国曾经进行过长达3年的同盟谈判，希望再次建立同盟；同样在 2010 年前后，遭受了全球金融危机袭击之后的美国曾经试图跟中国建立"G2"合作关系。

第四点，中、德都是后发的新兴大国，都是先进行了一段时间外交上的韬光养晦，待国力强盛到一定程度之后，经济需要在全球进行扩张，才开始进行一定规模的大海军建设，持续投入军费进行军舰的代际更替，越来越先进的军舰像"下饺子"一样完工入海。

第五点，中、德都反对老霸主的自由主义经济学，都强调自身人民、自身国情的独特性，都反对个人主义价值本位，都强调个体要服从整体，都强调爱国主义价值观。

第六点，中、德都在工业化过程中在国内大建铁路，然后把自己的铁路向海外延伸，打通欧、亚、非三大洲，实现大陆体系的互联互通。

第七点，中、德都是先模仿发达国家，然后再进行自主创新，最终实现技术的反超，都把城市化、工业化和全球化同步进行。

第八点，中、德都面对着外部邻国的仇怨。比如说法、德之间长期有矛盾，法国人割让了阿尔萨斯—洛林之后一直想要报仇，所以德国一直小心翼翼地处理同周边国家的关系，今天中国所面临的外部邻国环境其实也是比较复杂的。

第九点，工业化之后，中、德都通过国内的财富再分配来缓冲社会变迁所带来的阶层分化以及潜在的政治冲突。

第十点，中、德都认为老霸主是全球性帝国，需要处理全球性的挑战，所以都想象对方不会集中所有的力量来对付自己，而且都认为对方会打上门来，而自己拥有某种主场优势，所以在战略规划的时候把问题想象得相对简单了一些。

既然中、德面临的国内国际环境如此相似，那么中国是不是会重蹈德意志第二帝国的覆辙呢？我个人认为事态还没有那么悲观，因为今天的中国和当年的德国存在若干个关键的不同。

第一个关键的不同是这两个国家处于不同的时空中间，它们的政治制度是不一样的。德意志第二帝国承认霍亨索伦（Hohenzollern）王朝的世袭皇权，是一种封建制度和资本主义制度融合的嫁接之物。而当今中国是在中国共产党领导之下的中华人民共和国，实行的是民主集中制，既有"集中力量办大事"的魄力，也有协商民主的智慧，具有决策机制的自我纠错、自我平衡能力。

第二个关键的不同是这两个民族的民族个性存在着很大的差异。中国人非常讲求实用主义、唯物主义，而德意志第二帝国那个时代的德意志民族狂热地拥护浪漫主义。我认为，德意志民族有一种内在的自杀倾向，归根结底源于这个民族对浪漫主义的深度中毒，他们爱上了自杀式的那种悲剧之美。

第三个关键的不同，就在于双方的规模不同。德国的本土人口规模跟当年的英国是差不多的，但是跟持续扩张的美国人口相比就小了，一战、二战爆发的时候，德国所在的国家联盟跟对手在整体的人口规模、国力规模方面相比是明显偏小的。而我们中国一家的人口就相当于美、欧、日之和，更不用说跟五眼联盟的人口规模相比了。除了人口规模之外，我们还要看人口的质量，从长期来看中国的人口质量不会比欧美差。

第四个关键的不同是外交政策的不同。德国崛起之后实行殖民主义、扩张主义，一味地用军事强权索取利益。而中国从不搞一家独大，而是坚持共同开发，相信柔弱能胜过刚强，懂得多用智慧，而不是一味用强权去胁迫他国。所谓风物长宜放眼量，中国人的气量要大一些，更多地从长期来看待得失，愿意在短期内吃点局部的亏。

第五个关键的不同是中国并没有盲目地扩张军队，而 1913年前后，德国的军费开支占到财政开支的 20% 以上。

大国崛起的教训

历史会有相同的韵脚，但是绝不会简单地重复。中华民族伟大复兴的过程中，要想不重蹈历史上崛起大国的覆辙，就必须认真地学习他们的经验教训。

第一条教训就是不要过度刺激民族主义。德意志第二帝国的民族主义，为霍亨索伦家族的皇权提供了比较多的合法性，但是民族主义一旦走向极端，就演变成了要求"阳光下的地盘"，认为日耳曼民族在种族上优于别人，认为扩张战争是合理的。一旦民族主义演变得极端化的时候，就非常容易失控，执政者必须通过不断地提升自身的治理能力和治理体系的现代化水平来获得合法性，而不能依靠操纵民意，操纵民族情绪。

第二条教训就是要谨慎选择联盟的战略。许多大国热衷于结盟，却并没有意识到联盟其实是一把双刃剑。国家间结盟有好处，可以放大一国的对外威慑力，但是它也有缺陷，一旦盟友卷入战争，就必须根据盟约履行助战的义务。联盟就相当于企业家之间互相担保，提供担保的好处是别人也可以替你担保，但是提供担保也有连带赔偿责任的风险。

第三条教训就是在国际权势的转移过程中，新兴大国不能性急，要少搞存量博弈，多搞增量博弈。比如说一国想扩大在国际货币基金组织（IMF）里边的发言权和投票份额，却一时半会儿实现不了，就可以尝试另起炉灶，在增量部分做大做强，而且不能封闭、排他，而要欢迎大家来一起参与，随着增量部分的不断扩大，这个国家在世界经济中的话语权自然会上升。通过"曲线救国"的方式达成目的，事缓则圆，相当于用时间换空间。

第四条教训就是在国家军事力量的建设方面，不能"撒胡椒面"，不能搞战略分散，不能面面俱到。按照我的理解，如果威廉二世没有海权、陆权两手抓，最终导致两手都不够硬，而是适当地降低海权的诉求，专攻陆权，历史可能就会改写。首先，德国跟英国之间的翻脸时间点会大大地推迟；其次，即便德意志民族仍然对欧洲其他主要民族开战，德国也很有可能能够打成1809年拿破仑战争的局面，也就是说能够把俄罗斯击败，迫使它承认对德国有利的和平关系，除了俄罗斯之外的整个欧洲大陆都将被德国征服，然后与英帝国隔海相望，这个局面显然是远远好于德意志帝国三世而亡的结局。

当今中国面临着更多维的竞争，所以我们一定不能雨露均沾地分配力量，而是要适当地集中，至少要确保在一两个维度上拥有绝对优势。大国之间的战略竞争不像参加高考，如果每门课都是全班第二名，很可能总分就是全班第一，但是在大国战略竞争中间，如果每一个方面都是排名第二，那很可能就会全军覆没。

第五条教训就是做战略规划的时候，应该充分地估计困难和不利局面。德国海军办公室的提尔皮茨（Tirpitz）元帅在一战前做了很长时间的战略规划，整个德意志第二帝国的海军建设投入都是按照他的规划来进行的，站在当今时代回过头来看，他把战略场景想得太过乐观。第一，他假设德意志海军一旦能够达到英国海军规模的2/3，就越过了所谓的风险区，因为英国人会认为一旦跟德国海军开战，潜在损失就会不可接受，所以就会放弃跟德国为敌。第二，他认为英国是一个全球性帝国，即便是在开战之后，也不会把所有的力量全部集中到欧洲北部来对付德国海军。第三，他假设自己总是拥有主场优势。

实际上 1914 年一战爆发之后，英国并没有因为德国海军达到了英国海军的 2/3 就放弃开战，也并没有因为遍布全球的海权利益而只拿一部分力量来对付德国，而是集中全球的海军力量来对付德国，放弃了在北美、地中海地区的海洋地位。更加重要的是，英帝国对德国实行了离岸的封锁，而不是近岸的进攻，远远地把德国海军封锁住，而不是主动让它们发挥主场优势，结果整个一战期间，德国的大海军主力并没有实现跟英国的主场对决。

好战必亡，忘战必危

如果我们把德国失败的问题再往下深挖一层，为什么德意志第二帝国的威廉二世与海军之父提尔皮茨都保持不切实际的乐观主义，没有做到料敌从严，把大海军的建设视为皇权的倚仗，视为跟其他大国争夺全球霸权、国际地位以及殖民地的谈判筹码，而不是把它视为改变国运的大杀器？

我个人的理解是，从历史上看，人们非常容易被晚近的历史经验所催眠。19 世纪 60 年代的德意志统一战争，打得奇迹般顺利，充分地体现了普鲁士军队参谋部对战略机动、战略技巧的高深理解以及战略规划及其落实过程传奇般的成功。所以德意志第二帝国在50年之后，在筹备第一次世界大战的时候，脑子里边的参照系是1815年之后的持久和平，以及20世纪60年代非常顺利的局部战争，并没有意识到他们其实即将步入百年不遇的乱世，等待着他们的会是一场大搏杀。

大约是以百年为周期，大国的权势更替通常伴随着一轮非常惨烈的，长达一代人的大混乱。1618年到1648年的三十年战争是西班牙哈布斯堡帝国和新教国家之间的战争，最后的结果是法国作为天主教国家却投入到新教阵营一起反对哈布斯堡王朝，持续30年的战争杀得血流成河。1789年到1815年，法兰西民族作为欧洲混战的主角，法国大革命叠加拿破仑战争也是杀了20多年，直接死伤的人口有好几百万。1815年获得和平之后，欧洲有将近百年的时间处于相对稳定的状态，发生的战争规模也都比较小。直到1914年到1945年之间，在短短30年内发生了两次世界大战与大萧条，死亡人口加总起来有好几千万。

人生如寄，等到经历过上一轮大混战，体味过惨烈的生命损失的那一代人全部百年之后，新一代的人往往对于战争会有一种浪漫的想象，所以就会出现一批好战之徒，带领国家走向下一场战争的悲剧轮回。中国古人讲的"好战必亡，忘战必危"，诚哉是言。

大国竞争的未来

大国之间的合作，比如中美之间，在双方缺乏信任的前提下如何能够培育出合作和互信？一个有益的思路就是把一次性的囚徒困境博弈转化成重复博弈和多边博弈。囚徒困境的结局只会是背叛，这是由人性与国际关系的丛林法则所决定的，但是如果能够转变成重复博弈和多边博弈，我们就可以通过以牙还牙策略（tit for tat）诱导出妥协和合作，最终培育出信任与和平。

合作还是背叛？

关于为人处世，不同的先哲留下了不同的教诲。有人主张以德报怨，要宽恕，以免冤冤相报无穷无尽；也有人主张要以直报怨，也就是中国外交政策经常说的，按照事情本身的是非曲直去确定我们的态度，而不是根据以往的恩怨来考虑当前的具体态度。在西方这种争论更加激烈，《圣经·旧约》主张，要以眼还眼，以牙还牙；《圣经·新约》主张被人扇了左耳光，还要把右脸贴过去。所有这些道德性的、价值性的、伦理性的、形而上的争论是无休无止、无穷无尽的，是没有定论的。所幸现代社会科学的发展，给我们对相关问题提供了某些科学化的解释。

美国密歇根大学的政治学教授罗伯特·艾克斯罗德在20世纪80年代曾经进行过一项非常有意思的研究，利用囚徒困境的博弈论原理来研究自私的人类何以可能相互信任并进行合作，由此进一步解答对于个人和国家来讲，什么样的处世之道是最合理的。后来，他把这项研究整理为《合作的进化》一书，得到同为博弈论研究者的2005年诺贝尔经济学奖得主托马斯·谢林的强烈推荐。

要理解他的研究，首先要明确什么是囚徒困境。囚徒困境是博弈论中最常见的基础模型，假设有甲、乙两个罪犯被分别提审，他们可以互相揭发检举从而获得减刑或奖励；但是如果他们一起保持沉默的话，就死无对证，两个人都会被无罪释放。对于甲个人而言，如果保持沉默，可能会遭到乙的背叛，被从重判罚，也可能乙同样沉默，两人均被无罪释放；但是如果坦白从宽，可能甲、乙互相背叛，各自减刑，也可能乙把秘密带进了棺材，而甲领到了悬赏金。无论乙怎么选择，甲的坦白都能让他自己获得给定乙选择下的较好结局，而且甲也明白乙也面临着同样的选择和诱惑。所以假如这两个人都是自私的，不为对方考虑的，这种博弈的均衡结果必然是两个人各自招供，都被判刑。

一个更加关键的问题是关于人性自私的假设，处于囚徒困境中的个体是不是以个人利益的最大化为唯一诉求？关于这一点，生物学其实已经提供了很多答案。所谓物竞天择，绝大部分生物的基因都是自私的，因为那些愿意牺牲自己来换取别的个体生存概率最大化的利他个体大都灭绝了。不过自然界中也的确存在例外，一些利他主义基因能够通过生存竞争繁衍下来，最典型的就是蚂蚁、蜜蜂这两种生物。蚂蚁跟蜜蜂可以为了保护集体、保护"他人"而牺牲自己，比如蚂蚁抱团过河，最外边圈层的个体就淹死了；蜜蜂蜇人也是自杀式攻击，牺牲小我保护大家。什么原因导致这种利他主义基因能够不灭绝？它们具有一个共性，同一族群内两两个体之间的基因共享度达到75%。因此，对于确保整个种群的延续而言，只要牺牲某个体可以挽救其他一又三分之一的个体，这种交易就是可以接受的，换句话说，个体间基因共享程度越高，损失某个体对种群基因多样性所带来的成本越小。举个极端点的例子，如果个体间的基因100%共享，也就是所有个体都是一模一样的，哪怕只有一只活下来了，整个种群的基因也都能够得到延续。所以，虽然采取利他行动"舍己为人"的蚂蚁和蜜蜂死去了，但是这种利他基因仍然存在于因它的牺牲而活下去的个体里。

交代完这两个基本的问题之后，我们就可以分析罗伯特·艾克斯罗德教授的精彩研究了。在他看来，每次人际交往都可以简化为两种基本模式，合作与背叛。在人际交往中普遍存在囚徒困境，明知合作可以带来共赢，但是理性和自私导致信任的缺乏，使合作难以产生。从理性的角度考虑，人们总是希望对方采取合作行动而自己选择背叛，由对方承担全部成本，而自己获得最大化收益；即便你自己不贪心，你也难以相信对方会跟你一样不贪心，所以单次博弈中，很难产生合作的结局。

但是假如人与人之间的交往不再是一锤子买卖，而是低头不见抬头见，需要长期互利共生，这时的博弈格局就不一样了，人们往往愿意这次吃点儿小亏以换取对方下一次的回报，双边关系就容易稳定。所以熟人社会中的个体之间是友善的，乡里乡亲间是讲规矩的，大家互相体谅，互相谦让。在不定次的重复博弈中，每个决策主体都需要考虑自己的行为会不会招致对方的报复，同时也希望自己能够获得更大的收益，所以往往对于"背叛"的选项十分慎重，"合作"反而成为比较占优的策略。

最优策略——以牙还牙

在多主体间开展的不定次重复博弈中，是否存在一种为人处世的最优策略？艾克斯罗德教授向全世界不同学科的学者发出邀请，请他们提交各自认为最优的竞争策略，然后通过计算机进行模拟，让这些策略重复进行两两之间的囚徒困境博弈，并对囚徒困境博弈各结果赋值不同的分数，以得分最高者为优胜。第一轮参赛的有 14 个程序，最终以牙还牙策略获得了第一。艾克斯罗德教授把这个策略向全世界公开，并邀请学者们基于第一轮竞赛的结果设计更多的策略以开展第二轮竞赛，这次有 63 种策略参赛，而优胜者仍然是以牙还牙。

以牙还牙策略来源于一句美国俗语，就是一报还一报的意思，它的内容非常简单，第一步一定要跟对方合作，此后每一步都只是简单地重复对方上一步的行为。如此简单的程序之所以能够在两轮竞赛中都获胜，是因为它能够最有效地鼓励其他程序和它进行长期合作。它拥有五个基本特质，第一是善良的，它首先假设这个世界对我是好的；第二是可激怒的，它不是老好人，假如它发现对方是个坏蛋，它就会报复；第三是宽容的，也就是对方跟它进行了恶性互动之后，如果对方弃恶从善重新与它合作，它又可以原谅对方，再次跟对方进行合作；第四个是简单的，它的逻辑非常清楚，而且乐于告诉别人它的策略；第五个是不妒忌别人的成功，总是乐于与别人合作，而不是背后占别人便宜，所以在任何单次的双边博弈中，它的得分要么和对方一样，要么略低于对方。

比赛中的其他策略，或多或少都没有做到以上五点。有些恶意程序，第一步就选择背叛，最终都没有进入前 10 名；而有些程序又太过好脾气，所以被人背叛之后不立即做出反应，这就会鼓励狡猾的程序反复占它的便宜；某些程序对过往关系的好坏太过执着，一旦被别人欺骗一次就绝不原谅，所以很多能够恢复的关系就永久断绝了；还有一些程序把自己搞得太复杂，总是试图通过某种投机取巧来占人便宜，尽管在与某些"傻"程序的接触中得到了单次的高分，但是一旦碰到"个性刚烈"的程序就会陷入互相"死磕"的困境，从最后总得分来讲，它们的小聪明都是得不偿失的。

自从 1999 年拜读了艾克斯罗德教授的研究之后，我就被他此项研究设计的巧妙和结论的高明折服，在为人处世中一直身体力行：友善随和且心比赤子，不耍投机取巧的"小聪明"；宽容大度但坚持原则，不做随波逐流的"老好人"。淡泊宁静，不在双边关系中追逐强势；严守初心，能够抗拒嫉贤妒能的诱惑。这些信条本来就是生活中常见的为人处世之道，但是能够用博弈论模型加以总结，形成指导实践的科学结论，并且把这些信条连接起来，作为一种整体性的策略组合来行事，让我觉得自己与众不同。

这套策略的核心理念就是去跟尽可能多的人广结善缘，开展友好的互动，形成持久的互惠关系，并且发展出信任和友谊，当然它背后的动机仍然是自私，仍然是为了个体生活得更好。

人跟人之间是如此，国与国之间也差不多，只不过人际交往之间有比较多的伦理和道德因素，但国家间关系自古以来就是丛林色彩更多一些，权力和利益关系更加赤裸裸一些。

多边主义的践行者

近年来美国的对外政策，尤其是对华政策文件中经常用一个英文词"reciprocity"，翻译成汉语是"互惠"，这其实是不够准确的，"reciprocity"其实还有"报复"的意思，我觉得一个更合适的翻译是"回报"，就是要对别人的各种行为进行质和量两个方面都相称的反应，其中就包含了"以牙还牙"的思想。

现实中以牙还牙策略的运用比计算机程序的博弈竞赛当然要复杂得多，比如现实中的朋友关系并不总是合作双赢的，某些关系是典型的高成本低回报，原因往往在于对方和自己在能力上的不对称；比如面对资源的硬约束，现实中总是无法有足够的资源来维持对别人的各种回报，尤其是当你拥有很多朋友的时候；比如如何做到回报相称，你觉得这种回报是一种相称的警告，但是你的朋友可能会认为你反应过度；再比如回报的内生问题，假如双方都采取以牙还牙策略，一旦由于误解进入了相互惩罚的恶性循环，就几乎永无解脱。

针对上述问题，我进行了相应的策略调整，其中一个重要的调整就是重视利用圈子来解决问题。双边关系中的回报一旦放进了多边关系中操作，不少问题就得以迎刃而解。得罪一个人可能并不会带来对社会关系的巨大损害，但是假如得罪某人意味着与一群人为敌，背叛的成本就非常高了，比如我就非常乐意把我的新朋友介绍给老朋友们认识，这就相当于用一张关系网分担了背叛行为对脆弱友情的冲击力。同样的原理可以用在国与国之间的关系中，多边主义外交就是一个不错的选择，一个小国可能无法有效地报复大国对它的背叛，但是如果大家都处于同一个多边体系里，一旦体系内大国对某小国进行了背叛，它就会信用受损，使它受到失去整个圈子的巨大潜在损失。而且一个大国越是积极地利用自己的信用和威望，别的国家就越敢相信它；反过来如果一个国家不太爱明确地承诺权利与义务，别的国家也无法相信它，就如同你若从来没有用过信用卡里的钱，那么信用卡的透支额度就非常小。

在任何一个双边关系中，中国人都是讲究礼让、大度、谦虚的，与此同时我们又坚决捍卫根本利益与整体原则，达成了刚与柔的平衡，正因如此，尽管中国跟世界上大多数国家存在政治制度和意识形态的差异，但是仍然能够做到朋友遍天下，成为全球七成国家的最大贸易伙伴。相反，特朗普执政美国的4年里犯了类似的错误，试图在每一个双边关系中都占上风，这种操盘模式导致美国处处树敌，国际地位、威望明显下滑。

下篇

博弈与治理

第三章
————

逆潮中的治理选择

中国金融进一步开放，是引狼入室吗？

中国金融开放的结果会是引狼入室吗？会不会导致我们陷入金融危机？会不会导致我们的金融行业被外国控制？我觉得无论是对外资金融机构的过分恐惧还是"无脑"崇拜都大可不必。外资既不是"狼"也不是"神"，我们应该对中国金融机构的竞争力有信心，对我们中国政府的治理能力、监管能力以及不断学习创新的能力有信心。

外资：天使还是恶魔？

曾经有很多中国人特别崇拜西方，觉得外资是"高大上"

的代名词，外资企业无论是在能力上还是在制度上，甚至在道德水平上都比中国的企业要高。后来中国的民营制造业学习了外资的经验，把这些外资打败，赶出了中国市场，甚至还追到人家家里去了，比如信息技术行业、家电行业。在金融领域，中国加入世贸组织之后也曾经出现过崇洋媚外的言论，结果到2008年金融危机的时候我们发现这些外资金融"师傅"一个个都不灵了，其中有好几家母国的金融机构都要破产了，靠卖出持有的中国金融机构股份才得以苟延残喘。所以外资其实不是"神"，有的华尔街精英脑子里也是"一团糨糊"，要不然他们怎么会把自己的国家、自己的经济体系"玩"成那样呢？

同样，中国的金融行业在进一步开放的过程中不要对外资有太大的恐惧心理，不要觉得外资来了就是为了处心积虑地袭击我们的金融市场，会导致我们发生金融危机。中国的金融市场是受监管的，规矩是我们定的，所以只要有有效的制度建设和有效的市场监管，无论是什么玩家进来都得遵守我们的规矩；如果破坏规矩，我们就可以对他进行惩罚。

开放是发展的内在要求

从2019年5月开始，中国政府陆续推出了一系列政策举措，除了允许外资金融机构以更大的力度、更自由的方式进入中国市场经营之外，还包括对原先进行的一系列资本管制做了适度放开。

为什么要金融开放？中国在 2001 年"入世"谈判过程中承诺，要开放我们的金融市场，只不过因为在过去的 20 年里我们作为一个发展中国家，有权利对条款进行特殊处理，但是现在随着中国工业化的初步完成，人均 GDP 越来越高，许多国家越来越不承认中国的发展中国家地位。在 2019 年的中美贸易争端谈判中，美方为了利用服务贸易领域的优势地位在金融服务中获得更大收益，以弥补货物贸易领域的相对劣势，开出的价码就包括要求中国金融市场开放。但是考虑到华尔街势力近年来在美国政界的话语权不断衰退，开放金融领域对平息中美贸易摩擦的作用是有限的。拜登上台后，中美经贸关系有望重新成为双边关系的稳定器、压舱石，对减轻新一轮金融开放的外部压力，掌握开放的主动权是有利的。

中国的金融开放有没有各方利益集团的诉求？显然是有的。各种政策都会产生再分配效应，而再分配效应会使一部分人成为赢家，另一部分人成为相对的输家，所以在各种重大政策举措出台之前都会有各方的利益集团去游说，这件事情本身没有什么不正常。最简单的例子，制造业部门是最典型的利益集团，同样金融系统也是利益集团，甚至农民工群体也可以理解成一种利益集团，他们都会通过某些渠道进行发声。重大政策出台的过程就是各方利益集团进行博弈的过程，不同的国家有不同的表达方式，关键在于决策者是否被某些利益集团绑架。如果决策者坚持以人民为中心，以国家的整体利益为中心，那么我们就不用担心各方面的利益表达。

中国长期实施的资本管制在工业化过程中起到了应有的作用，保护了金融安全，维护了金融秩序，甚至也帮助我们稳住了汇率、稳住了外汇储备。但是发展到现在我们若仍然坚持原先的资本管制，代价可能会越来越大——潜在的机会成本越来越大，而收益会越来越小。目前国内有很多资金想要出去，国外也有很多资金想要进来，这两部分都有诉求要进一步放松管制。在全球经济下行期，美、欧、日都实行零利率或者负利率，对金融系统尤其是银行业的伤害非常大。银行借入便宜的钱，然后把资金放贷出去，当资金价格接近零甚至是负数的情况下，银行获得的利息收入越来越低，利率下行的代价无法转移给它的储户，逐渐变成资不抵债的"僵尸银行"。就大的经济板块而言，虽然中国的利率比以前下降很多，但是仍然是正的，这些金融机构都想到中国来分一杯羹是很正常的事情，所以中国在开放金融市场的过程中谈判地位是比较高的。

监管俘获与宏观风险

会不会发生金融危机跟金融市场参与者是外资、民资，还是国资其实关系不大，关键在于金融市场的制度建设和实际的监管过程。假如金融市场的制度漏洞很大，而且这些漏洞长期没有补上，那么无论是何种所有制的玩家，都会钻这些漏洞。

除了制度建设之外，还需要有效的市场监管。假设监管机构被监管对象俘获，同样起不到监管的作用，甚至会产生严重的腐败与寻租。一种俘获的形式是渗透，比如华尔街派了很多从业人员渗透到美国的政府系统里，通过捐赠资金、人才培养进行意识形态洗脑，最后让美国公共部门的决策者和大众舆论都认为"对华尔街有利的就是对美国有利的"。另外一种俘获就是把自己的规模做得特别巨大，大到不能倒。如果容许它倒，整个社会就会遭受巨大伤害，所以公共部门就被它绑架了，不得不去救市。

到目前为止，中国的金融业外资比例是偏低的，从横向来比较，欧洲、日本、韩国的外资比例在20%—30%，美国稍微低一点是15%左右，中国目前大约只有3%。我认为10%左右是一个比较审慎、比较稳妥的开放比例，这种程度的开放带来的风险是可控的。

我们一定要理解"风险"是一个中性词，风险不是一个坏东西，风险的另外一面意味着收益，意味着机会，而这个世界上最大的风险，就是不冒任何风险。我们进入新一轮金融开放之后，取代原先资本管制的是所谓的宏观审慎框架。这个宏观审慎框架是后金融危机时期国际货币基金组织（IMF）所推动的新的全球监管体制，它的特点就是跨境和跨部门风险的追踪和统合监管。在中国，由中国人民银行牵头成立了金融稳定委员会作为跨部门的监管机构，所以我们的金融开放其实是有刹车的，是一种比较平衡、比较审慎的制度安排。

外资入市，获得了在中国展业的牌照之后，未必能够长驱直入。我专门问过几位在国际金融机构工作的朋友，实际上拿到牌照只是开始，想要在中国经营，还得去申请经营具体业务的各种资质。这样做倒也不是中国政府没有开放的诚意，实是由于外资的金融机构刚刚来到中国，还没有符合监管要求的条件，比如在某些领域连续经营三年，达到多少交易量等，所以外资在华的发展还需要时间，这一轮开放过程也并不会立刻导致对中国金融市场的大规模的冲击。

扬长补短，推陈出新

许多人受西方左翼观点的影响，认为金融是一种赌博，不能创造新的产出，只会掠夺存量的财富。实际上，金融服务帮助国民储蓄与产业资本走向全世界，为中国从世界各地挣来很多钱，这种盈利跟我们出口衬衫、鞋子、箱包挣到的钱没有本质区别，都是依靠比较优势获得的财富。对我们而言，英、美等西方国家的金融立国道路未免有些极端，当今中国的"金融出海"初有成效，经济还远没到脱实向虚的地步，继续发展健全金融市场仍然是为实体经济保驾护航的利国利民之举，也有利于去库存、去产能，实现实体经济的提质增效，达到产业发展与人口结构的再平衡。

新一轮金融开放的推行，必然会为我国的金融市场与金融监管体系建设带来新的挑战与机遇。我认为金融进一步开放总体上看利大于弊，只要我们锐意创新，扬长补短，中国的金融大国地位会进一步增强。

第一，金融开放对我们的监管能力与制度建设提出了许多新挑战，要求我们高层的决策者和中层的监管者要有很强的学习能力。监管者和金融机构之间其实是猫鼠博弈的过程，所谓各种各样的金融创新，绝大部分都是为了绕过监管，所以要想有效地监管各类投资行为，首先要比这些机构更懂得游戏规则。所以西方国家经常请退休的"老玩家"来进行监管，就是那种已经在金融市场上纵横了很多年，希望在人生的最后阶段做出一些贡献的人。

第二，原先金融业的暴利将不复存在，"躺着挣钱"的时代将会过去，金融业的竞争会更加激烈。过去金融业有一句笑谈叫"金融的核心竞争力是牌照"，当牌照放开给国外的同行之后，原先一些相对低效、管理不善的金融机构的生存空间会受到进一步挤压，倒逼金融行业提质增效。

第三，中国的某些优势企业、行业将会获得新的发展空间。中国的移动支付在全世界都是领先的，许多到中国来读书的留学生用惯了移动支付，回到欧洲还得用现金和信用卡，感到非常不习惯。但是这些移动支付平台要想真正"出海"还面临着很多限制，其中一条就是资本管制，双向流动开放之后，我们有比较优势的部分就可以"出海"冲到别人的家里去了。

第四，人民币国际化会取得比较大的进展。金融的"门"放得更开了，资金的池子就越大，池子里边的玩家就越多，人民币的国际应用就会越丰富。由于美元、欧元、日元资产现在都是零利率甚至是负利率，而人民币资产的收益率还比较健康，不难想象金融开放之后各国储蓄将会纷纷转向人民币。

第五，中国将出现很多新的就业增长点和行业发展方向，比如对冲基金经理。在双向开放的过程中全世界的储蓄要投到人民币资产中来，中国的金融机构也会把国民的和全球的储蓄输送到全世界各个角落去。原先这类生意是由英国的伦敦金融城和美国的华尔街来干的，未来将由中国的年轻人来主导，比如学国际政治的、学外交的、学世界经济的，以前他们的知识是没资格卖到华尔街去的，但以后各类基金进行全球投资的时候就需要对世界各地政治经济形势有深入的、动态的、及时的、完整的、准确的理解的复合型人才，这些同学将在这些岗位上大放异彩。

第六，上海国际金融中心的地位将大大提高。我非常支持中央计划把上海建设成国际金融中心的大的战略性举措。在中华人民共和国成立之前上海是全球金融中心之一，也是远东最大的金融中心，后来这个地位被中国香港、日本东京以及新加坡瓜分。现在上海国际金融中心的地位有所恢复，但是仍然有巨大的发展空间。我相信随着中国金融业的进一步开放，随着中国资本管制的渐进式放开，新的宏观审慎框架逐步成形，上海国际金融中心的地位将节节攀升。

中国政府已经陷入债务危机？

2015 年，我曾经在华盛顿参加过一场卡内基基金会主办的研讨会，就中国政府的债务问题展开过一场激烈的辩论。一方是著名的华人经济学家黄育川教授，另一方是华尔街某家著名大投行的首席经济学家——一位印度裔经济学博士。这位印度裔经济学博士提出中国的债务率太高，而且变化太快，所以风险特别大，黄育川教授则对他进行反驳。在我看来那场辩论双方的实力是非常不对等的，那位博士对中国、对中国经济、对中国体制不求甚解，最后被黄育川教授驳斥得体无完肤。

债务危机是谬误还是生意？

实际上以本币计价的债务不是负债，而是一种税。单纯用一国的债务率，或者说宏观杠杆率来衡量宏观风险是极为片面的，我曾经用这个观点批判桥水基金创始人瑞·达利欧（Ray Dalio）关于去杠杆和债务危机的理论主张。最初他的理论是不区分币种的，后来包括我在内的一些学界同行指出了他的逻辑漏洞，他就把我们的批判吸收了，但无论他怎么修补也无法自圆其说，因为归根结底必须区别本币债和非本币债。他现在试图用宏观杠杆率去解释金融市场、经济周期的波动，甚至去解释国家的兴衰，这样的理论努力显然是有问题的。

从社会科学研究方法上来讲，他犯了以下几个错误：第一是量纲不对等。GDP 是个流量的概念，债务是个存量的概念，用存量除以流量没有意义。第二是他把 1971 年之前和之后混为一谈，隐含了技术分析中的假设——历史、现实和未来内在具有一致性，所以可以根据历史的波动规律来推测未来，而 1971 年之前是金本位，1971 年之后是无锚货币体系，把两者混为一谈进行统一分析，这种一致性假设不成立。第三是社会科学研究中常见的错误——单因素论，试图找到一个能够前后一致地解释所有现象的因素。

其实我接触过不少华尔街的朋友，他们的思想非常深刻，非常活跃，这是值得赞许的地方，但是他们中间也常见意识形态右转，自由主义、新自由主义意识形态泛滥。他们把意识形态偏见当作定理、当作学术，而且由于市场生态，他们追求深刻、惊悚，喜欢"带节奏"而不是追求真理。他们并不需要正确，准确说并不需要长期正确，只需要此刻抓人眼球，提出一个非常深刻、非常"尖锐"（sharp）的概念，然后就会吸引一大批人去追随他们，就会有一大批资金委托给他们，他们就有利可图，等到将来观点被证伪时——事实上所有的观点都会不断被证伪——他们可能已经离场了。

对华尔街的各种耸人听闻的观点，比如喜欢唱空中国，喜欢指责中国债务率太高，谣传中国即将陷入"债务危机"，我们不能迷信。而且对一些华尔街资产管理人兼"民科"思想家，我们还一定要保持警惕，他们所说的尤其是跟中国有关的观点的可信度是非常低的。因为我们中国本身已经是他们的大客户了，我们委托了大量资金让他们来管理。他们为了维护大客户关系就要努力说一些我们喜欢听的话，向我们献媚；或者反过来说一些耸人听闻的话把我们吓唬住。邹忌讽谏齐王的时候，就举了问自己身边的小妾，问自己身边的下人"吾孰与城北徐公美"的例子，所以问这种人所获得的答案不能作为恰当的、公允的参照。

中国应适当扩张债务

许多人总是担心中国的债务太高，实际上中国政府的债务率并不高，目前只有20%左右，赤字率也控制得非常好，相比较而言，欧洲国家中债务率最低的德国的债务率也有60%左右，美国则达到了110%。这跟中国人的行为模式和思维习惯有关系——我们曾经穷过，所以特别"抠门"。在过去的100多年里世界上曾经发生过几次高通胀，导致了政治和社会的严重后果，所以我们一直对债务扩张、债务失控心存余悸。

在我看来，中央政府的债务率很低，完全有空间去扩张债务。我主张中央政府应该多借债，然后让地方政府、国有企业适当地减少负债。中国整个公共部门的收入大多集中在中央政府，但是支出的责任却被分散到地方和国企，所以就形成了一个窘境——强干弱枝，地方需要中央扶持。中央政府应该对地方和国企进行约束、教育，进行有效的管理，但是不能靠扣压它们的"零花钱"来制约它们，这样的做法长期来看还是会造成亏损的，因为最后它们借的钱还不上还得中央政府来承担。

我主张应该适当地重新分配中央和地方的财权、事权，中央政府应该多花钱，实行积极的财政政策，而地方政府要有更好的预算硬约束。比如中央政府趁着全球利率低的时候多借一大笔钱，然后按照人口比例分给各个地方政府，让地方政府还一批债，这样中国整体的杠杆率就会有一个比较好的、结构性的改善。更重要的是，中央政府借了很多钱之后，就创造了一个巨大的、高质量的资产池。随着美元的无底线宽松，全世界各个国家的外汇储备都越来越需要多元化；现在中国政府开始逐步放开资本项目管制，其他国家越来越积极地要买入中国的国债，尤其是高等级的债券，所以这种情况下，一个能够媲美美国国债的主权信用资产池，将非常有利于人民币国际化，也有利于我们最终摆脱美元体系的限制。

人民币汇率应保持适度强势

我一贯主张人民币汇率应该保持适度强势。我国实行以市场供求为基础、参考一篮子货币进行调节、有管理的浮动汇率制度，温和、适度的升值，有利于优化产业结构，实现更高质量的经济增长；但是激烈、快速的汇率拉升会对出口行业造成毁灭性的打击。在新一轮金融开放大背景下，我们需要不断完善跨境资本流动"宏观审慎 + 微观监管"两位一体管理框架，尤其是不能让中国经济重蹈日本 1985 年《广场协议》之后的覆辙。

日元之殇

人民币汇率提升是否会重蹈"日元之殇"，需要我们重新审视日本经济衰退的真正原因，许多朋友以为日本经济毁于日元升值，这其实是个片面的观点。学术研究与对日本政界多年的反思得出了一个比较主流的结论——日本经济衰退缘于日元升值得太晚。

日本跟德国都是二战之后工业化崛起的制造业大国、出口大国。德国人不操纵汇率，德国马克随着贸易顺差扩大而升值，所以德国的低端制造业很早就没有竞争优势了，倒逼德国企业不断地做高附加值商品。由于德国马克升值得早而缓，短期内对本国经济的扭曲就比较少，对本国制造业带来的冲击就比较和缓。而日本不一样，日本的大财阀和出口商对日本政府的政治影响力比较大，迫使日本政府操纵汇率以保护国内产业，在相当长的一段时间里拒绝升值或者尽可能地推迟升值。人性如此，如果不思进取照样可以挣很多钱，那么没有人会愿意冒险去做更高端的产业，所以日本的制造业缺乏转型的动力。

相比于日本而言，德国的经济政策传统是不靠汇率的低估来谋取出口产业的竞争力，而是主要依靠科研技术水平的提升来提质增效，所以德国产品的定价能力远远强于日本。20世纪80年代，德国出口商品中80%是用德国马克计价的，而日本出口商品中只有30%能够用日元计价。德国央行不需要压低本币汇率来帮助出口产业，就不需要多印本币，所以20世纪后期德国就没有太大的资产泡沫。而日本为了压低汇率不得不大量扩张货币，在此过程中形成了巨大的资产泡沫，最终股市和楼市的泡沫破灭，叠加生育率低下的人口结构失调，导致了日本经济的长期萧条。

人民币升值并不可怕

直到《广场协议》签订之前日本人又开始动起了坏心思，主动跟很多亚洲国家签订以日元计价的低息贷款协议。有些国家以为日本人良心发现补偿二战犯下的罪行，愿意提供低息贷款，所以当时很多亚洲国家，包括中国、菲律宾在内，都跟它签了协议，向日本政府借了大量的日元债务，结果事后才发现这是日本的阴谋。日本知道美、欧对它施加的政治经济压力越来越大，日元将不得不大幅升值，所以在此之前先在亚洲布局，把自己的本币用看起来比较优惠的利息借给别人，为自己做好了对冲。1985 年《广场协议》签订以后，日元就开始大幅快速升值，在一两年之内美元对日元汇率从 260 元左右直降到 130 元左右，日元将近升值了一倍。假如原先借了价值 100 亿美元的日元债务，升值后需要偿付价值 200 亿美元的日元。

看似日本赚到了，但是日元短期内把过去积累的升值压力全部释放出来，造成了快速且猛烈的汇率冲击，严重伤害到它的制造业出口企业。日本政府想要维持经济增长，挽救国内制造业，就推行了很多刺激政策并大幅降息，再加上当时所推行的错误的日元国际化道路实行了"资本项目放开＋离岸中心"的开放模式，在实践中给日本的国内金融市场泡沫化带来巨大的推动作用，巨量的资金在香港和东京之间循环流动，推动了日本的股市泡沫和房地产市场泡沫持续膨胀，为 20 世纪 90 年代股价暴跌、房价暴跌埋下了伏笔。

日本的问题简单概括一下就是最初拒绝升值，后来又为了占便宜短期内大幅升值。汇率波动本身不可怕，怕的是在短期内巨幅波动，比如人民币汇率每年升值几个百分点没什么问题，属于汇率市场的正常现象。2005 年 7 月 21 日在实行有管理的浮动汇率之前，美国向我们施加压力要求人民币升值，否则就要加关税，同时国内由于外汇占款巨大，通胀压力激增，迫切需要人民币升值进行调控；但是低附加值的制造业部门，对升值无不叫苦连天，言必称亏损、失业，最终，政府为了保障国计民生，对相关行业实行了补贴。从 2005 年下半年开始人民币不断升值，2006 年、2007 年每年升值 6% 左右，结果得到补贴的行业不仅没有亏损，利润扣除补贴之后也创了新高，实践证明汇率升值对它们没有那么大的影响。

世界各国的政治经济活动中都有一种现象，在舆论场中我们经常会听到一些噪声，某些利益集团为了本部门的利益发声，要求国家的决策者在许多重大决策议题上多照顾他们的局部利益；而学者的价值就在于从国家整体的长远利益角度，用专业的知识和准确的判断力把各类选择背后的利弊得失给大家讲清楚，避免部分绑架和伤害整体的长远利益。

中国外汇储备的选择

美国的一些主流政治家，比如一位叫格雷厄姆的参议员提出中国应该为新冠肺炎疫情负责，要求中国在国债上做出减让；还有一位美国内阁成员库德罗公开提出让美国所有企业从中国搬回美国，成本完全由政府买单。美国政治家们的言行并不是简单地推卸责任，其实都指向了未来中国在美资产的安全性问题。如果未来美国政府扣押中国在美国的国债以及美国金融市场中的外汇储备，我们该怎么办？

止盈思维下的外汇储备风险

首先，外汇风险不是一个伪命题，也不是一个小概率事件，尤其是考虑到 2019 年 8 月美国白宫曾经小范围讨论过，用什么理由能从中国国债中扣一部分钱出来。当时他们讨论的方法是利用清政府晚期发行过的美元国债，要求中国政府为此偿付，当然最终没有成功。

诚然，美国如果这么做无异于杀鸡取卵、竭泽而渔，但近些年来落袋为安——止盈（take profit）的思维模式深刻地影响了美国政界的行为，他们并不那么在乎长期的国家利益到底何在，有点儿"脚踩西瓜皮，滑到哪里是哪里"的意思。不要小看这样一种思维模式，从战略思想史的角度来讲，拿破仑当年的行动也基于此，他的名言叫作"迎战敌军，以观其效"（On s'engage et puis on voit）——先打着看。

同时，这种行为也是违反美国法律的，而且由于国债是无记名的，要精准冻结中国持有的美国国债，的确存在技术困难。可是，别忘了规矩是他们定的，法律也是他们可以解释的。虽然国债是无记名的，但是申购的账户是实名的，当美国的司法系统要求冻结中国在美国的几大投行或者几大银行所开立的账户的时候，这些金融机构恐怕不敢不配合，从这个意义上来讲，主权豁免是否有效还不得而知。如果我们去起诉，在美国的司法体系里，涉案标的物的价值如此高昂，律师费就不少，官司打得赢打不赢还两说。更重要的是即便我们胜诉，诉讼流程可能已经拖了很长时间了，对中国经济造成的伤害已经无法弥补，而且国际法对美国也没有足够的强制力。

后疫情时代全球经济的低迷、社会的和生命的损失，使美国又动起了歪心思，为巧取豪夺的舆论造势其实已经开始了。我担心假如美国成功地拉拢了世界上的多数国家一起向中国索赔，我们就有可能被污名化、有罪化，未来很多年的外交局面都会非常困难。

见招拆招：躲、保、换

未雨绸缪，中国需要提前做好应对。大国博弈就像下棋一样，假如对手威胁到你的棋子，你基本上有三种办法应对。

第一种方法是躲。为了避免最坏的情况，我们放在美国国债里的外汇储备可以躲到其他资产里去。一是可以全部买成黄金，然后赶紧运回来，这种操作的量级非常有限，全球黄金市场上的交易量跟我们的外汇储备规模存在一个数量级的差异。二是可以躲到全球大宗商品里去，把外汇储备换成资源，但反常识的是，长期来看，大宗商品是不值钱的。三是可以躲到股票里去。尽管美国政府能够没收中国持有的国债，也可以没收股票，但是股票比国债要好一些，从长期来看，美国股市的收益率比美国国债的收益率要高，因为股市里有风险。更重要的是，疫情期间美国股市暴跌，未来的指数位置至少比现在要高，所以从这个意义上来讲，就算打个 5 年、10 年的官司，最后我们把资产拿回来的时候，收益显然也要高于被冻结的国债。四是可以躲到欧元、日元的金融资产里去。不过日本并不欢迎我们购买它的国债，而欧洲的债券市场总规模又很有限且是分裂的——欧盟财政是分开的，所以发债的主体是 20 多个国家。欧债的流动性本来就比较差，更糟糕的是当今是负利率时代，购买欧债会造成外汇资产的大幅贬值。

第二种方法是保，换言之就是威慑，如果你敢胡来，我就会反击，导致你的损失比我的损失更大。比如，以经济活动彻底去美元化相威胁。其一，这是个可信的威慑；其二，我们会向全球宣传，鼓励全世界去美元化——今天美国可以用新冠肺炎疫情的理由来冻结中国的主权财富，明天美国就可以用别的理由来冻结其他国家的主权财富；其三，我们不但本国经济去美元化，而且会迅速地开放本国的金融市场来跟美国抢生意，鼓励别的国家储备人民币。

第三种方法是换。比如，可以没收美国的在华资产，这样做就能够弥补一部分损失。这可能不是一个很好的选项，首先这件事情违背我们继续深化改革开放的政策；其次美国的在华资产也不多，实际上美国的去工业化从二战之后就开始了，到新世纪制造业对外投资规模已经很有限了。

外汇储备不是中心大国的标志

对于未来的外汇储备保卫战，我想说一说我的几个观点。

第一点是我们必须防患于未然，要有相关的底线思维。我主张应该多管齐下，一部分可以躲，一部分可以保，还有一部分的确可以换。

第二点是外汇储备本来就不是真实的财富，只不过是别人的一种兑付承诺而已。对于中国而言，它是我们过去 30 多年发展模式中所形成的一些积累物，以前许多人把它看作如肌肉一般，但是我更多地把它看作肥肉而已——它并不是我们力量的象征，而是我们脆弱性之所在；它是别人手里边的人质，而不是我们手中的武器。以前我们实行的出口导向型发展模式，尤其是产业处于中低端阶段时所产生的对汇率波动的恐惧，最终导致了巨额外汇储备的积累，导致了我们今天金融安全的脆弱性。相对于本身经济规模的巨额外汇储备，是全球经济体系外围附庸国的枷锁，而不是中心大国的标志。对于中国这样已经初步完成了工业化的经济体来讲，其实是不需要那么多外汇储备的。

创新强国的求索

就占比而言，全球研发投入最高的国家是以色列跟韩国，占到 GDP 的 4.25% 左右，而中国的研发投入约占 GDP 的 2.1%，美国居于以色列和中国之间；但是如果以总量计算，目前全球顶级的两大研发投入国家是美国和中国，而中国最近几年正在快速地追赶美国。

美国对中兴、华为的打压，以及对中国更广义科技进步的围堵愈演愈烈，中美科技脱钩渐渐"板上钉钉"，我们将不得不开始全面探索自主创新的新道路。建立健全创新的新型举国体制，理解创新背后的政治经济学，才能发现到底什么东西能带来创新，中国目前还有哪些阻碍创新的因素，对此进行深化改革，中华民族才能焕发出新的生命力。

创新的政治经济学

有人对中国未来的创新发展并不乐观，认为近些年取得的技术进步主要是模仿与逆向工程的结果，如同苏联在 20 世纪五六十年代靠着从美国获得的技术机密进行科技赶超一样，并不是真正的原创，并以此为理由，对构建创新的新型举国体制也持悲观态度。在我看来，这其实是非常片面的看法。

创新不是哪个民族或者哪个社会的专属天赋，近年来中国在各种创新指标上都表现得非常好，比如自然（nature）指数，即顶级期刊与高被引论文指数，甚至有的方面已经实现了局部的反超。关于这个领域，我推荐感兴趣的朋友关注中科大的袁岚峰教授，他在《科技袁人》节目中对此进行了详细的梳理。

中国以前模仿较多而创新较少，原因简单来讲就一个字——穷。过去中国是落后的发展中国家，想要投入巨量资金搞研发是违背经济学规律与市场规律的，穷国的比较优势在于发展相对低附加值的、劳动力密集型的产业，而创新很大程度上带有"烧钱"、赌博的意味。如果单看某项成功的创新，带来的收益可能会十分可观，但是如果把更大量失败的创新与投资算在里边，整体收益率平平无奇。所以对于一个穷国而言，当你有的可学，有的可逆向工程模仿的时候，为什么还要"重新发明轮子"？

近年来中国的创新事业何以蒸蒸日上？第一，我们有"烧钱"的资本了。中国加入世界贸易组织（WTO）之后，工业制成品开始迅速地销往全世界，尤其是自主品牌，如智能手机、家电产品、汽车。这些企业在进行零部件的全球采购时会受到他国专利的限制，为了降低成本或者绕过他国专利，就有激励进行自主创新，将这些零部件国产化。随着企业规模的扩大与收入的不断提高，政府的财政收入也逐渐宽裕，能够提供扶持创新的激励政策，进一步促进了创新。

第二，我们的市场更大了。从历史上来看，伟大的创新极少是由穷国来实施的，通常都是由世界市场体系中的霸主或者准霸主提供，也就是相对发达的中心国家。持续的创新除了需要资本的投入，还要有收益的补偿。如果光有投入，而没有通过市场产出回报，形成良性循环的话，同样无法构建可持续的创新生态。英国之所以能够诞生伟大的工业革命，离不开英国公共部门和私人部门一起对全球发动的长期殖民战争，并借此打开了全球市场的大门；同样，中国实现的创新成就离不开中国政府通过各种贸易协定、外交措施，为中国的企业打开了全球工业制成品市场的大门。

2019年，中国的消费规模已经相当于美国的95.67%，基本追平美国国内市场。中国不光是人口规模大，而且中产阶级规模已经超过了美国，假如我们保持一定的经济增速，保持人民币汇率不出现大幅贬值的话，中国国内市场成为全球第一大市场是很自然的事情。未来中国要引领人类科技进步的潮流，一定要保持充分的开放，我们的产品不光要在国内市场大规模销售，还要在全球消费者中占据尽可能多的市场份额。通过全球市场来分摊研发成本、研发风险，创新投入在经济上才是合理的、可持续的。

政府在创新中的角色

如果全部交由市场培育，政府只作为市场的"守夜人"，基础科学类的创新就会缺乏投资；如果抛开了市场，完全由政府来扶持创新，那无非是回到旧的举国体制而已。因此，创新的新型举国体制中的一个核心命题就是，如何处理好创新领域中政府和市场的关系。在本人的民本主义政治经济学理论里，市场并非一个自立、自为、自在之物，而是政府的创造物，需要政府去精心地培育、维护，并在必要的时候予以干预，以维持比较有效的市场功能，所以一个有效的市场本身就是一种公共产品。

政府在创新领域的第一个重要功能，就是为创新提供可持续发展的市场。我们现在要建立创新的新型举国体制，就要做大、做深国内市场，同时尽可能确保国际市场的销售份额。

政府在创新领域的第二个重要功能，就是帮助新产业、新技术、新商业模式拓清道路。产业进步的过程中往往有很多的"拦路虎"，其实就是来自传统产业、传统技术、传统商业模式的阻挠。创新往往是"创造性毁灭"的过程，一项新技术崛起，旧技术就失去了立足之地，相关的资本方以及从业人员都会成为牺牲品，而这些人往往是不愿意主动退出历史舞台的。最常见的反抗有两大类：第一类反抗是原有技术路线的支持者会掏出钱来把新技术买断，把它扼杀在襁褓之中，然后让市场继续用原有的技术。第二类反抗是原有行业的相关人员组织起来向政府施压，比如优步（Uber）在美国和欧洲兴起之后，许多出租车司机开始集会抗议，在路上拦截优步的驾驶员，以此向政府施压。总体上说，中美两国的政府能够帮助自己的新兴产业、新兴资本扫清前进道路上的障碍，这也是中国和美国能够拥有全球排前十的互联网巨头，而欧盟、日本或者其他经济体基本上都没有的原因。

政府在创新领域的第三个重要功能，就是提供创新的科学基础。科学跟技术其实是两回事，科学是非功利性的，是好奇心驱使的，是一种公共产品；但是技术是功利性的，是跟具体用途有关系的。科学发现的是重大的原理，发现的是原本不为人所知的真相，而技术是把科学发现的原理应用化，做出某种功能性的东西来，所以科学总是快乐的，而技术总是不快乐的。

既然科学是一种公共产品，就应该由政府来提供，而不能指望利润导向型的企业去搞基本的理论研究，不过也有例外，中国的华为公司在全世界资助科学家进行基础科学研究。但是我认为这件事情应该由大国来承担，应该由美国、欧盟、中国这样大的经济体的公共部门来提供；而技术创新则应该由市场来做，政府在这个过程中最多充当一个协调、动员、支持、辅助的角色，而不要越俎代庖。

关于政府如何提供科学，我有一个大胆的建议：中国要有气量，由国家财政出资养一批远离市场、专门从事纯科学研究的学者。国家一定要让他们足够富足而衣食无忧，安居乐业而没有房贷的压力。看似这些高智商的年轻人整天闲来无事，实际上正因为他们没有生存的压力与挣钱的动力，反而可以完全出于好奇心去琢磨有趣的事情，探究世界的真相。具体来说，不要养在北京、上海、深圳这些一线城市，可以在雄安开发一片没有房地产市场、没有发文章压力的学术乐土，为他们创造宽松的科学研究氛围，因为只有在没有压力的情况下，人的科学探索精神才会得到最充分的释放。

政府在创新领域的第四个功能，是向国民提供安全，进行军民融合发展。安全在现代大国竞争的背景之下，又牵扯到军备竞争与军事技术研发的竞争。过去200多年里各种伟大的科学发明创造往往跟军事技术紧密相关，许多重大技术进步的出发点不是为了创造财富，而是为了更有效地杀死人类。中国未来也要搞有效的军民融合，把军用的技术与民用的市场化应用进行有机的融合，这样才能把巨额的财政投入跟市场的持续盈利循环起来，形成可持续的军民融合发展。这方面美国做得相对比较好，二战之后美国的国防部门在硅谷附近的大学和国家实验室里投入了巨量资金研发军事应用技术，在美国的科研体制之下，研究成果的知识产权很大一部分归个人所有，所以许多研究人员通过兼职或离职创业的方式，把相关技术进行市场化应用，在硅谷形成了持续的创新热点，吸引全世界有科技创新能力的人纷至沓来。

培育创新也要科学喂养

创新是有成本、有风险的，需要有长期稳定的资金支持，这就牵扯到如何融资的问题，也就是谁来为这些科技创新投资，谁来承担资金风险。科学的研发应该由公共部门买单，因为科学具有外部性；但是技术的突破，应该主要由企业来投资，同时政府辅以一些战略性投资，来鼓励相关企业进入市场，帮助企业分摊成本和风险。我在和美国乔治城大学的一位政治经济学教授会谈时，曾经请教过他什么样的融资方式是最有利于创新的，他认为融资方式取决于产业结构，比如在互联网领域最合适的融资方式就是在创业板、科创板和纳斯达克等实行注册制的市场上市，寻求一级和一级半市场中的私募投资与风险投资；而巨型工程类企业与传统产业创新的不确定性相对比较小，所以这种融资由熟悉本行业的特定银行家来进行，这样资源配置的效率更高。

美国的融资方式主要是在资本市场中直接融资，这种融资方式虽然高效，但是客观上存在一些缺陷。比如，希拉里曾经提出来一个概念叫作季度资本主义（quarterly capitalism），指上市公司的经理人因为收入跟股价直接相关而面临季度财务报表的压力，有极强的动机去拉升短期的业绩，避免投资，避免承担风险。

另外，公共部门对科技创新的投资决策不能由单一主体来实施。因为科技创新带有巨大的不确定性，而官僚体系进行决策时往往是风险回避型的，倾向于尊重权威，但是所谓的权威本身已经功成名就了，很可能代表的就是传统技术路线，是创新的敌人。乔治城大学的那位教授曾忠告我，中国将来进行科技投资的时候一定要避免苏联的错误，不能由单一主体分配资金，而要进行竞争性的投资。当今中国拥有足够的财政空间，只要我们不是拿钱去补贴无意义的创新的话，是有余力培养两三套相互竞争的科研创新体系的。

创新的梁山模式

2019 年中国的研发投入，包括官方与企业，一共约 2.2 万亿元人民币，占 GDP 的 2.1% 左右，其中只有逾 20% 由政府提供，其他的 70% 多是由企业提供的。中国企业研发投入排名第一的是华为，以一家之力占到整个中国总研发投入的 7% 左右；排名第二的是阿里，投入规模将近华为的 1/3。有一些企业喜欢"吹牛"，喜欢把自己包装得很"创新"，但实际上的研发投入规模是相对有限的，更重要的是投入资金许多是靠骗政府补贴得到的，最终也没有做出多少实质性的贡献。为什么同样都是企业，华为和阿里能够取得那么大的成就，而这些企业的研发就只能流于形式？

关键在于企业的内部机制。在我看来，华为和阿里就像梁山好汉聚在一起大口吃肉、大秤分金，拥有完善的内部激励机制，所以才有强者不断云集于此。而另一些企业的主导者虽然拥有某些方面的特长，但是格局有限、心胸狭窄，容不得能人；或者贪图一时的财富，利润一人独享，使公司内的有志之士寒了心，所以"财散而人聚，财聚而人散"。发展的关键在人，只有建立了有效的内部激励机制，使科研人才的付出得到应有的回报，才能使创新有动力、可持续。

我强烈主张中国政府除了要用足够大的力度去扶持企业的创新以外，还要用适当的体制机制去识别那些喜欢吹牛骗钱的投机分子，从而让那些真正投入、真正创新、真正有成果的优质企业能够获得更好的社会认同。

聚天下英才而用之

创新需要大量的人才，人才的出现、识别又跟一国的文化有关系，跟孵化创新的体制、机制有关系，跟孕育人才的土壤有关系。中国大力发展科技创新的人才基础是充足的，尤其是现在高等教育已经有了比较好的普及，每年有大量的科技人才走出校园，走向社会中的各个岗位。未来中国需要重点改革的是怎样能够"聚天下英才而用之"，既要广揽天下英才，又要把既有的人才用好、用足。

人才流失的真相

人才稀缺的问题是中国学术界一个老生常谈的话题，然而中国其实不缺人才，西方国家的心理学研究表明全球智商最高的族群是东亚族群，全世界平均智商最高的区域是东亚地区。唯一能够和东亚族群进行智商较量的族群可能就是阿什肯纳兹犹太人（Ashkenazi Jews）——原中东欧、德意志地区的犹太族群，现在分布在全球各地。近现代许多伟大的思想家、伟大的发明家、伟大的创造家、伟大的理论家都是犹太人或者是有犹太血统的白人。

在过去的很多年里，出现了一些杰出的科研人才外流的现象，一些在国内做不出成果的学者，跑到外国去却取得了很好的成绩。比如 2017 年分子生物学领域的专家颜宁教授辞去清华大学教职，前往美国普林斯顿大学担任终身教授一事曾传遍全网，一些看空中国的自由主义者跟我辩论的时候，经常拿这个问题举例子。在我看来，学者对科研地点的选择是为了更好地进行学术发展和科学研究。而从宏观上来讲，这个问题其实是一个发展阶段的问题，因为真正要搞科研、搞创新是需要花很多钱的，只有在全球市场体系的中心地区才有足够的"热量"，才"烧"得起钱、养得起这种创新，承担得起相关的风险。此外，文化因素也会对科学研究产生影响，有利于科学研究的创新场域会促进研究的推进，因为创新不是仅仅来源于某个天才般个体的灵光一闪，而是在高智商群体的相互作用中产生。知识的不断积累、思想火花的碰撞、研发条件的跟进、相关信息的无条件共享，共同构成了孵化创新的科研场域。未来，进入双循环时代，中国必须把自己打造成全球科研的中心，这需要让本国的科研人员能够在本土市场中找到足够的高薪岗位。如何才能做到这一点呢？我们的财政政策、科研政策、产业政策以及汇率政策都需要做系统性的调整。

科研文化中的绊脚石

华为公司能够取得 5G 通信领域的话语权，靠的就是其强大的技术背景，这不仅是华为实力雄厚的表现，更与其重视人才的企业文化是分不开的。华为在人才方面广泛布局，不仅有在互联网上十分火热、动辄开出百万年薪的"天才少年"计划，还不计成本地在全世界十余个城市建立了自己的研究所，专门从事不能短时间投产的基础科学研究，为企业未来的长远发展打下了牢固的地基，这种诚意与远见使来自五湖四海的人才甘愿为华为挥洒汗水。

中国已经成为世界第二大经济体，也是世界一流的研发投入大国，当今中国的科研条件已经一洗过去的落后面貌，但是中国的科研文化中的确存在一系列抑制人才发展的因素。比如在过去的三四十年里，表现非常明显的就是重物而轻人。中国过去的科研体制重设备而轻人才，如果想要引进一个设备，划拨的预算经费非常多，可是如果想要提高科研人员的待遇，想要高价引进一些人才，审批的难度就很大。科研机构财务体系的文化氛围与预算编制的逻辑都不愿意为人才买单，而只愿意为物质的提升付账。这其实是一种穷人思维，我们穷怕了，好不容易攒了点儿钱，怎么能随随便便地花出去，一定要扎扎实实地留下一些"硬家伙"。20 世纪八九十年代的中国社会还没有全面小康，大多数普通中国人的行为模式都是辛辛苦苦地攒钱，然后拿这些钱去买所谓的"三大件"（自行车、缝纫机、手表）放在家里边撑门面，而不是投资在孩子的营养和教育方面，这其实是一种比较可悲的思维模式。

另外一个科研文化中的问题，就是对说谎、造假这样的学术不端行为的惩罚和仇视是不够的。我非常欣赏华为公司创始人任正非先生对美国的态度，"你要真正强大起来，就要向一切人学习，包括自己的'敌人'。"纵观美国社会，我觉得它有一个巨大的优点，也是跟它的科研创新体系相匹配的一种文化，那就是对说谎、造假行为的高度的仇视。比如说美国总统们被弹劾或者说面临政治危机，往往不是因为生活上有什么不检点的地方，而是因为他说谎了，犯了不诚信的大罪。可是在过去的中国社会中，由于信息的不透明，很多造假行为难以被发现，就算发现了也难以追责，许多人对自己的履历进行各种各样的造假，许多社会上有地位、有影响力的名流为了一点本不必要的面子，也宁肯说谎、造假，客观上造成中国社会对这些问题的容忍度似乎偏高，对于真正的、有效的创新造成了非常严重的打击。在著名的"汉芯一号"芯片造假案里，当陈进把摩托罗拉芯片上的商标磨掉之后冒充自主研发的科研成果时，如果其他专业人士发现这项科研是造假的，会不会觉得"多一事不如少一事"，松松抬手放了过去；会不会觉得说谎、造假的直接财务损失数额并不巨大，没有必要上纲上线？如果我们的科研文化能够把那些说谎、造假的人从一开始就排除掉，杜绝一切学术造假的可能，将相关的资源、相关的机会交给那些有真才实学的人，那么他们创造出来的价值将是非常大的；而当我们容忍了这种造假、说谎行为的时候，所付出的机会成本就会非常巨大。

学术领域中如此，资本市场上亦然。在美国资本市场中造假的代价是巨大的，被发现之后的惩罚非常严厉，在美国股市中的一些著名骗局里，主犯被逮捕之后可以被判罚好几百年的监禁。可是在中国的资本市场上，如果一个公司财务上造假，业绩上说谎，意图操纵股价，东窗事发被逮捕之后，罚款可能只有几十万元人民币，跟造假的潜在收益完全不在一个数量级上。所以我们会看到，同样处于宽松的货币政策背景之下，中国股市 20 年来一直徘徊在 2000—3000 多点，而 20 年间美国股市上涨了几倍，长期来看这就是过度宽容的巨大代价。

还有一种科研文化中的问题，也是中国社会中的普遍现象——好面子。儒家文化以"孝"治天下，有一个特点就是尊老，这种文化底蕴使我们在科研事业中潜意识地给老同志、老权威以足够的面子，甚至把他们抬到太高的地位上，其实这种文化对于创新是不利的。从人的智力发展的角度来讲，人的智商在 13 岁之前是随机波动的，在 13 岁到 28 岁之间线性上升，

28 左右来到人生智商的最巅峰，然后开始稳定地下降。人类历史上重大的科学思想突破，很多都是一小撮最聪明的天才人物在他们 28 岁左右发现的。如果说某个大学一位 70 多岁、80 多岁的老教授通过努力地研发退而不休，在具体的某个技术领域因为经验问题而有所突破，这是可能的；但是如果是在科学思想上，在基本理论上的重大突破，我认为是不太可能的。

筑巢引凤的人才战略

我在欧美工作、访学的过程中接触过很多欧美社会，尤其是新教徒社会中的年轻人。在他们的社会里边年轻人比较容易出人头地，年纪轻轻就可以当上国会议员或是评上正教授，可以带博士，发表重要论文。但是在世界上绝大部分传统社会里边，职称都是论资排辈地授予的，这跟农业社会的传统秩序有很大的相关性，对于年轻人出人头地是很不利的。既然中国已经进入了工业社会，进入了创新型社会，就需要适度地改造我们论资排辈、尊重权威、不喜欢辩论、不喜欢批判的传统科研文化，使其与科研创新相适应。所以我们一定要创造一种新的科研机制，创造一种新的科研文化来鼓励年轻人，让他们拥有更多的发言权。

我在学校中主持工作会议时，实践过一些改进工作流程的好方法。比如我开会的时候往往反其道而行之，不是先从资深的教授开始发言，而是先从年纪最小的青年教师开始发言，因为资深教授先发言，先定调之后，后边年轻人再发言的时候，就不太敢去否定资深教授的观点；但是如果是年轻人先发言，哪怕说得不太靠谱也没有关系，因为后边有资深教授来帮他把脉。仅仅是改变了发言顺序，就让年轻人能够先把那些表面上看起来不太靠谱但可能具有创新性价值的观点，以及来自一线实践的结论表达出来，放在台面上被讨论。

我们的教育和考试体系同样具有改良的空间，中国的教育和考试体系倾向于求全，要求一个人平衡发展，只有各门功课都好的时候，考出来的总分才是足够高的，才能够被重点大学录取。一些各方面都不错，但各方面都不杰出的人，最后获得了最好的教育，而中国社会中有非常多偏科的天才，却由于天生的能力结构或者智商结构分布不平衡，被我们的教育和考试体系给淘汰掉了，造成了极大的人才浪费。所以我认为要适当地改革我们的考试体系与人才选拔体系，假如说我们需要培养一大批物理学家，就没必要非得要求他诗词歌赋样样精通。尤其是未来中国杰出的物理学家英语好的必要性不大，因为有各种翻译软件帮助他学习知识、翻译英文论文。

培养人才还需要相互交流。科研创新是一个场域，需要跨文化的、跨国的同行之间高强度的、高密度的学术思想碰撞。

以前中国与海外学术交流的机会非常多，大量的有志青年可以到美国、欧洲、日本去学习，但是未来的趋势却令人担忧，美国开始技术"自闭"，不仅拒绝中国留学生入境，而且疯狂迫害在美国任教的中国籍教授，而欧洲、日本对中国的科研优势又相对衰落。对此，日本吸引人才的做法值得我们借鉴，为我们提供了一条破局之路。前年我跟团中央的代表团受日本官方的邀请去日本访问，从北到南参观了日本的方方面面，最后一站是冲绳，参观了由日本政府出资创办的一所大学。这所大学以英语为工作语言，高薪聘请全球各地的科学家到风光秀丽的校园里边从事科学研究，整所学校就建在太平洋的一座小岛上，面朝大海，春暖花开。在那个世外桃源般的地方，有房子、有高薪，学者们衣食无忧，一边享受秀美的风景一边进行科研创新，所以能够云集世界各地的人才。

这种由中央政府资助的"筑巢引凤"人才计划，也可以在中国得到实践。在当前中国学术交流外部环境不利的情况下，如果我们的学者出不去了，可以也办一所类似的大学，高薪聘请全世界的人才来中国从事学术研究，为我们的思想交流保留一个比较有效的窗口。

中国经济超过美国是一种选择

从历史上来看，最近这 100 年来其他国家的 GDP 很难超过美国，欧元区由二十几个国家合在一起，人口规模也比美国大，即便是这样也只能短期超过美国，长期来看只能稳定在美国GDP 的 80% 左右。中国的 GDP 什么时候能够超过美国？许多人利用历史的趋势进行线性外推，认为会在 2025 年到 2035 年之间。但我要说中国的 GDP 今天就能超过美国。这不是打诳语，我们要理解大国 GDP 相对变化背后的结构性因素与逻辑——这实质上是一个汇率问题。中国经济超过美国，不是一个客观的趋势，而是一种选择——由我们来选择什么时候超过它。

全球经济中的"芝诺悖论"

全球国家从中心到外围按照各经济体的主要分工可以分为四层：第一层，也就是最中心的是美国，主要向全球提供货币流动性；第二层是日本、欧盟等以高科技与人力资本优势见长的发达经济体；第三层是以中国、东南亚、土耳其、墨西哥为代表的发展中工业国；第四层，也就是最外围的是各种大宗商品、原材料，包括石油、天然气、铁矿等的出口国。

这四大分层的人均 GDP 分布是越向外围越低，越向中心越高，用索罗斯的话来讲就是中心不但远比外围富有，而且更为稳定。日本、欧盟等第二层国家的人均 GDP 基本稳定在美国的60% 到 70%；发展中工业国目前稳定在美国的 15% 左右；外围原材料的出口国，即便把少数石油富国算在其中，其人均 GDP 也只有美国的百分之几。东亚地区通过向美国出口商品来实现经济的发展，尽管商品的科技含量不断地增加，它们的人均 GDP 占美国的比例也不断地上移，但是总也无法达到美国的水平。

虽然美国的经济跟别国的经济表面上都用 GDP 衡量，但仔细研究两种经济的性质我们会发现，实际上它们的性质是相反的，是一种"阴阳两隔"的关系。美国向全球提供流动性，所以它的经济其实是"虚"的；而欧盟、日本生产高精尖的产品，发展中工业国生产劳动密集型的产品，外围原材料国家生产自然资源，总之其他三类经济体都是通过生产实体商品来交换美元的，所以它们的经济是"实"的。虽然外围国家不断扩张自己的"实"的经济规模，努力精进生产技术，但是始终无法追赶上美国"虚"的经济扩张速度，正如奔跑的阿基里斯永远追不上前面的乌龟一样。

我们喊了很多年"美国衰落"，的确美国一直在相对衰落，但即便有大量的新兴国家在不断地实现工业化，尤其是中国在快速崛起，总体上美国的经济规模占全球经济的份额仍然非常可观，到目前为止，美国的 GDP 大约占到全球 GDP 的 1/4。

商品生产国的隐形天花板

为什么美国可以凭一己之力占据全球 1/4 的经济体量？

我们分两步来解释，第一步先假设这个世界上只有美元这一种货币，其他国家全部使用美元，那么整个世界经济可以分为两部分：一部分叫美国经济，另一部分叫非美世界经济。非美世界经济生产各种商品和服务交给美国来换取美元，有了美元它们才能在内部开展其他经济活动；而美国本土的 GDP 则是这些商品和服务的消费和分配过程，以及由此衍生的其他经济活动。所以非美经济活动的规模等于美国的经济规模，但是它们在性质上是完全相反的，一个是生产过程而另一个是消费过程，这种情况下美国 GDP 就应该等于非美 GDP 总和。

第二步，我们放松上述假设，实际上美元占全球储备货币总量的六成多，但是在计价结算、投资等领域大概只占四成，各种指标加权平均之后美元占全球货币市场份额的 50% 左右。那么美国的经济规模就应该约等于非美经济用来交换美元的部分，也就是它们全部商品生产的一半，另一半用来和货币市场中的非美元部分匹配，这样计算美国 GDP 就应该占到全球 GDP 的 25% 左右。当然，这种解释是我基于全球经济和货币之间的逻辑关系提出的理论猜想，还需要进一步论证。

假如我刚才的猜想是对的话，如果我们的人民币发行仅仅以美元储备为信用基础，从理论上来讲中国的 GDP 永远无法超过美国，因为我们所有的经济活动都需要货币供给来支撑，而所有货币供给都需要借助外部美元流入来获得，同时我们无论如何也无法独享所有的美元输出，毕竟还有别的国家和我们一起争夺美国向全球提供的美元逆差。在世界市场中，中国负责生产商品而美国负责生产钞票，因为生产扩张的速度永远无法和信用扩张的速度相提并论，所以只要中国的商品和美元之间还保持着映射关系，中国的经济增长永远也无法超过美国。实际上，现在连钞票都不用印了，只需要在电脑上敲几个字符，输入对某账户有多少负债，信用就创造出来了。东亚模式通过出口换美元来提升工业化水平的发展道路，其实存在严重的局限性，也存在发展的隐形天花板。

中国的 GDP 什么时候能够超过美国？

2012 年以来，中国的货币发行已经逐步脱离了外汇储备的限制，基础货币里边外汇占款的份额越来越少，本国主权信用也就是主权国债的份额越来越多，我认为这是一种非常必要且非常有益的改革，有利于中国的 GDP 突破美元信用对我们形成的限制，到 2020 年为止，中国的 GDP 已经达到美国 GDP 的 70.4%。

我认为中国的 GDP 何时超过美国，主要是一种选择，而不再是一个客观时间点的问题。这种选择背后其实是不同的部门、不同的地区、不同的利益板块之间的博弈，以及不同的治国理念、发展模式之间的取舍问题。假如从明天开始把人民币对美元的汇率快速调整到 1∶5，那么中国的 GDP 立刻就能超过美国，而且我们有 3 万亿美元外汇储备，至少可以撑个五年；就算外汇储备花完了，本币也不会大幅贬值，因为真正对汇率形成支撑的是本国可贸易品的价格竞争力和质量竞争力，我们可以用人民币计价向全球借外债，补充稳定汇率水平的"子弹"。当然，这种方法也不是十全十美的，对东南沿海的低附加值工业会造成毁灭性的打击，不过好在这些劳动密集型产品占中国目前总出口的比例已经下降到了 20% 左右，对中国经济的影响比较有限，而且稳定就业的价值也没有改革开放早期那么大了。将这些工业提前转移到东南亚，不仅可以带动邻国的工业化，还可以使这些国家对中国市场产生依赖。

未来，人民币会越来越值钱，而我们国内的工人将转向服务业，中国人的生活质量将有明显的改善和提高。中国的优质企业将雇得起更多的高工资的全球人才；中国的普通家庭也将消费得起更多优质的高价商品，从而使中国经济能够更容易地转向高质量发展；中国的外交政策也可以因此而变得更加强势，毕竟在全球总需求难以扩张的背景之下，谁消费别人的东西更多，谁就更有话语权。现在，越来越多的学者开始意识到，大力鼓吹出口型经济，表面上看挣了很多钱，似乎占了大便宜，实际上钱不过是一张"纸片"而已，对于整个国家而言很可能吃了大亏，所以许多学者现在开始呼吁减少出口退税，保持汇率强势。

大疫之后，我们该向谁学习？

2020 年的新冠肺炎疫情，给全球人民留下了伤痛的记忆。与英美等西方国家的混沌与绝望不同的是，中国政府在抗疫行动中展现了无比强大的能量，使我们第一个走出了疫情的阴霾。大疫之后，如何吸取其他国家的经验教训，实现中国特色社会主义制度的创新与发展，需要我们深入思考：大疫之后，我们该向谁学习？

以欧为师的新道路

70 年前，我们觉得苏联老大哥的今天就是我们的明天，后来苏联走上修正主义道路，我们只能开始独立探索中国特色社会主义；30 年前，中国向美国及其盟友学习，然而逆全球化背景下，它们反而以我们为敌；现在，我主张要以欧为师，向欧洲学习，要主动把欧盟的政治地位适当地抬高一点。

金融市场中的任何一种交易策略，当它是独门秘籍的时候有效性是比较强的；而当它成为交易者使用的普遍策略时就无法获得超额收益。中国是世界上人口最多、行动能力最强的国家，苏联和美国模式本身蕴含的内在收益在中国的学习下被迅速摊薄，客观上要求我们寻找新的学习对象。与此同时，中华文明是人类古老文明中唯一延续下来没有间断的，具有强大的文化自信、制度自信，所以我们才有信心去以别人为师，而不会邯郸学步，东施效颦。

现在中美关系的发展越来越困难，一些美国右翼政治家伙同世界上其他一些国家的右翼势力开始把中国看作对手、竞争者。这种竞争不光是经济上的、地缘政治上的，而且还有在意识形态上的针锋相对。他们认为中国凭自己走出了一条成功道路，这种道路必然会跟美国模式形成一种鲜明的竞争，并且两国还存在势力范围的争夺，所以要搞"新冷战"。然而中国对于在全世界推广中国模式、中国道路，并没有太大兴趣，"鞋子合不合脚，只有自己知道"，每个国家的"脚"是不一样的，哪有一以贯之的万能模式。假如中美制度之争越来越成为显学，那么欧洲很可能会站在美国这一边。其实美欧的两种资本主义模式存在很大的分歧，所以如果中国方面主动提出来要重点向欧洲学习，有意地抬高欧洲体制、政治经济政策和社会发展模式的地位的话，这有助于分化美欧的意识形态，把敌人搞得少少的，把我们的朋友搞得多多的。

进一步地，美国内部也存在非常大的分裂。美国民主党和左翼政治家的意识形态跟欧洲有比较大的相近之处，比如他们都比较强调绿色发展、大政府、多边主义等。所以如果我们现在发出明确的信号要向欧洲学习，其中包含几句潜台词：第一，中国仍然是谦虚的，没打算推广中国模式；第二，明确美国已经不再是我们的老师了；第三，欧美意识形态有重大不同，我们在发展理念上更加愿意跟欧洲以及美国左翼势力寻求政治共识。这样的话，我们就能够在未来的一个时期内孤立、分化美国的右翼反华反共势力。美国的共和党经过特朗普政府四年的改造，已经越来越种族化，逐渐变为一个极右翼政党，旗帜鲜明地反华反共。2024 年的美国大选将有一批具有非常鲜明反华反共色彩的右翼政客参与竞选美国总统，考虑到未来的意识形态斗争，如果明确抬高欧盟的世界政治地位，对我们形成新的国际统一战线是有帮助的。

从增量转向提质

欧洲不是一个整齐划一的整体，其内部非常分化，由二十几个国家拼在一起。我们所说的欧洲模式也不是一个统一的模式，至少可以分为四块：一块被称为莱茵模式，包括德国、法国、比利时、奥地利等国；一块被称为斯堪的纳维亚模式，即北欧模式，包括挪威、瑞典、丹麦等国；一块被称为地中海模式，包括西班牙、葡萄牙、意大利、希腊等国；还有一块是比

较市场化的盎格鲁-撒克逊模式，也就是英美的模式。过去 30
年里我们学习美国其实就是在学习出口导向型的、海洋文明的
盎格鲁-撒克逊模式。在这四种模式里，我们未来需要学习的
是莱茵模式和斯堪的纳维亚模式，以及欧洲地区一体化的经验
教训。

德国是莱茵模式的典型代表，这种发展模式和中国有很多
可以相互借鉴之处，比如比较重视国有企业在关系社会经济命
脉的行业中的关键地位，主张有效地发挥计划和市场的两种力
量；还比如从法律的角度上讲，中国的大陆法系和法德的大陆
法系是有很大关系的。

区别于盎格鲁-撒克逊模式的股票市场资本主义，斯堪的
纳维亚模式有个鲜明的特点叫作"利益相关者资本主义"，强
调利益相关者（stakeholder）而非股票所有者（stockholder），
包括企业工人、当地居民、最终消费者、政府、行业协会等各
方都要做出妥协，形成共识，达成长期价值创造的目标而不是
短期的利润最大化和股票市值最大化。它比较看重环境、社会、
公司治理领域的综合绩效，而不是简单的财务指标。

带着美式资本主义的偏见，我们可能会认为欧洲的发展停
滞不前，最近 10 年的经济增速非常低，利率也是负的；但是
如果我们摘掉"唯 GDP 论"的有色眼镜，在科技创新、社会发
展、人民生活上，欧洲各国的总体表现还是可圈可点的。在创

新方面，根据世界经济论坛《2019 年全球竞争力报告》，北欧和西欧地区的每百万人口专利数均远高于美国等其他地区。在机会平等和发展共享方面，根据世界经济论坛《2020 年全球社会流动性报告》，纵向流动即底层人民有多少机会实现阶级跃升，社会固化在多大程度上能够得到抑制，排名前 20 位的国家中有 17 个在欧洲，而美国排在 27 名。在绿色发展方面，欧洲各国也表现得非常出色，《2018 年全球绿色指数报告》里排名前 20 位的国家和地区中，欧洲占了 13 个，中国排名 27 位，美国排名第 30 位。中国排名比美国靠前，可能是出乎很多人的意料的，实际上我们进入新时代之后，在"绿水青山"方面做了非常多工作，也实实在在取得了成效。

如果从传统的指标来看，比如 GDP 增速、通胀率、利率、资本市场的涨幅，欧盟经济活力不如中国、美国，但是我们如果站在"人"的角度来讲，尤其是以新发展理念的角度来观察欧洲的发展成果，就会发现欧洲的模式的确还有很多值得我们学习借鉴的地方。第一是欧洲的社会再分配政策比美国制定得好；第二是欧洲对国家与市场、政府与企业的关系处理得要比美国好；第三是欧洲的地区一体化政策值得我们借鉴。欧盟体系经过 70 多年的渐进发展形成了一种地区的命运共同体，实现的最大的公共产品就是持久和平与共同繁荣，习总书记多次谈到地区命运共同体、人类命运共同体，在这方面欧洲目前还是走在世界前列的。

取其精华，去其糟粕

以欧为师，一定是批判性地学习，就如同我们当年学苏联、学美国一样，我们当年学苏联的政治和军事，建设了强大的政府和强大的军事力量；后来我们学美国，主要是学它们的经济和金融领域，建设了充满活力和竞争的市场经济，充分调动个体的积极性，创造尽可能多的财富。

现在中国政府已经成为全球最有力的政府，中国市场已经成为全世界最有活力的市场，中国已经是最大的制造业产出国，最大的出口国，世界第二大经济体。下一步我们向欧洲学习的重点就在于它的社会治理，如何处理社会内部的分化，如何应对人口老龄化，如何使内部一个个封闭的、相互敌对的小社会通过地区一体化融合成一个更加和谐的、开放的、充分流动的大社会。

要学其长处，更重要的是要避其教训，显然欧洲的发展政策中也有许多是需要批判的，第一个是欧洲的移民政策。欧洲的移民政策是它们应对老龄化举措的一部分，它们敞开大门吸收外国的移民，认为不同的文明能够在它们的体制内利用制度优势实现兼容，实践过程中发现太理想主义了。第二个是福利政策过于偏向老年人。福利政策是非常必要的，但是我们应该更加倾向年轻人，给年轻人提供较多的补贴、较好的教育、较好的发展机会，这是对未来的投资；给老年人较多的医疗补贴是对过去的奖赏。当然从伦理角度来讲两个都是必要的，但是从现实政策的可持续性，从国家的长期竞争力角度来讲，把利益更多地倾向给年轻人的国家才更有竞争力，这种制度才更加可持续。第三个就是欧洲的个人价值本位的人权政策。人权不能神圣化，中华文明体系的特点是集体价值本位，所以我们要保障集体价值本位的人的权利，强调整体文明和整体民族的发展权，而不是强调个体的无限拔高的抽象人权。

第四章

"以我为主"的新发展格局

"去美国化"的逻辑

2014 年，我在参加凤凰卫视《一虎一席谈》节目时提出了中国发展"去美国化"的逻辑，今天其中的内容多少得到了一些印证。我一直主张要坚持有节奏地"去美国化"，这个观点乍一听确实有些反常识，但是仔细思考过后不难发现背后的逻辑。诚然，有的人担心离开了美国会失去先进技术的来源和体量巨大的市场，导致中国经济的倒退，甚至会引发中美之间的冲突或者战争。对于这些不必要的担忧，我想取譬说理，以一个故事来为大家宽宽心。

话说东海之滨有一东海国，国人聪明能干、勤劳节俭，所以自古以来繁荣昌盛。海滨泥滩盛产贝壳，国人有好积之者。

某日，海上来了一群巫师说，贝壳的获取并非偶然，而是东海龙王想要跟你们交换祭品，而且龙王法力无边，公平公正却又睚眦必报，台风、海啸、地震、干旱都是龙王震怒惩罚世人的结果，所以你们需要保持恭敬，不可欺瞒。于是东海国人深信不疑，每天努力劳作，把他们产出的一半东西留给自己，另一半交给巫师们，包装得整整齐齐，用大船运到海洋里的一座仙山上开坛祈祷，然后把献祭扔进海里边以换取贝壳作为计价流通之物。

有位多年周游列国的旅人回到了东海国觉得不可思议，就跑去质问这些巫师为什么要在东海国散布龙王的信仰，为什么不把另一半的东西留给东海国人自用呢？

东海国的巫师回答道："东海龙王不仅法力无边，而且一贯主张开放市场、公平交易，我们每天帮你们送出一半的物产，30 年如一日才获得了这么多的贝壳。看看你们国家的仓库里边贝壳堆成了山，是那么美丽而又坚硬，储备的规模全世界无人能及，人民都有工作可干，生活水平不断提升，这个交易非常划算吧！"

"让整个东海国囤积那么多贝壳有什么用？这个东西再美也不能当饭吃，再多也救不了急！"旅人反驳道。

巫师回答说："谁说不能的？这些贝壳也是内陆邻国都公认的货币，东海国需要中土的粮食，需要西邦的柴火，需要南国

的水果，需要北乡的皮毛，都得用龙王的贝壳去交换。你不多
存一点，需要用的时候没有怎么办？"

旅人解释道："东海国国民最能劳作，物产全世界最丰。东
海国每年卖给各国的丝绸和瓷器，所产生的价值远远多于东海
国买入的资源，常年贸易顺差。各国之所以偶尔存点贝壳就是
为了换咱们的瓷器而已。干脆大家直接用真金白银结算，或者
索性相互记个账不就行了吗？千万别再迷信龙王也别再崇拜贝
壳了。"

巫师们不禁惊呼："你竟然想背离龙王，废弃贝壳？去年西
邦的山火烧了一个多月，就是因为他们提出不想用贝壳了，龙
王震怒故而用天火惩罚他们！"

"但是你们倡导的信仰代价实在不小！"旅人的眼中露出了
一丝悲伤，"我归国之后看到一半的幼童在乡下无人管教，耄耋
老者无人养老送终，青壮年忙着聚到海边缫丝、织布、烧窑、
制瓷。挖掘那么多的窑泥，搞得大地坑坑洼洼；印染那么多丝
绸，搞得河流黑臭。所产出的一半如果真正让本国人获得享受
也还罢了，但把一半扔进大海里实在是可惜可叹。为什么不减
少贝壳的囤积，以换得父子相保，家庭团聚，绿水青山呢？"

巫师们笑道："这就是你不懂市场经济原理也不懂治国之道
了。如果我们不献祭这么多的丝绸、瓷器给龙王，这些青壮年
就会无事可做，就会失业，就没有收入，他们家的老人和孩子

还怎么活？更会有人无事生非、胡思乱想，那样就会社会动荡，国将不国！"

旅人冷笑一声："我们的物产那么丰富，如果真的有失业的话直接给大家发点贝壳不就行了，自然就不用担心需求不足，更不必担心失业了，何必非得逼着大家每天工作那么长时间呢？青壮年如果工作时间稍微短一点，就可以多陪陪孩子和老人，难道这不正是你们所说的帕累托改进吗？"

"你知道什么叫'干中学'（Learning by doing）吗？"巫师们不屑地说，"你看看东海国的大师傅如今是多么擅长制作陶器，挖泥的小伙儿现在练得多么健壮，缫丝纺织的女工手指头是多么灵巧，这都是勤劳努力的结果。如果离开了我们献祭换取贝壳的整个流程，如果没有我们多年对这些劳动者的训练，东海国的劳动者就不可能变得这么优秀。东海的国力和竞争力能有今天，离不开龙王的慷慨解囊，离不开我等在龙王面前日日夜夜替东海国美言，更离不开我等对东海国民的技术指导和支持。"

旅人反问道："如今东海国政府能力出众，治理措施得当，民众勤俭能干，已经初步实现了小康，这跟各位通神之人好像没有什么关系。诸位究竟教给东海国国民什么本事了？难道不是整天防着东海人偷师学艺吗？诸位把那么多的物产扔进海里献祭给龙王换取贝壳，如果我们拿出 1/10 作为酬劳广揽天下英才，重赏之下既有勇夫，也有能人。以此办法召回我们流散海外的智慧精英，吸引全球各地的能人异士前来投效，不断投资于工艺的研发，日日致力于技术的精进，所产生的进步难道不比跟在你们后边求着学、偷着学要更大吗？诸位漂洋过海来到我国，不事生产却一个个脑满肥肠、峨冠博带而整天装神弄鬼。颐指气使，明令我百姓为奴婢；登堂入室，暗笑此社稷无人才。献祭之事分明是你们这些巫师跟龙王之间的猫腻！每年海量的献祭，你们这些家伙从中渔利几成？"

巫师们勃然大怒："呔！你这个大胆狂徒居然敢藐视龙王的法力，怀疑我们对东海国的重要贡献！你简直是忘恩负义，你简直是民粹'极左'！等到我禀明龙王，让他惩罚东海国，届时此处生灵涂炭，民不聊生，经济倒退30年，看你该当何罪？"

"此黔驴耳，何惧之有！"旅人也怒发冲冠，"想我文明5000年兴衰传承，是世界上唯一一个从骨子里边不信神的民族，何惧这种怪力乱神！"

霎时间天色骤变，云水翻腾，海里边爬出来一条丈八长的四角大海蛇，白皮而金毛，厚鳞而小爪，时而吐芯，时而嘶鸣。

巫师们大喊："哈哈，现在龙王已现，你们怕了吧？"一时间草木皆兵，人心惶惶，老百姓中间有不少人被吓破了胆，尤其是依附在这些巫师身边的许多信众，他们就开始设坛跪拜，磕头如捣蒜，纷纷说："赶紧降了吧，要不然灾祸就更大了。"

可是等了很久也没见这条大蛇有多少动作，唯日夜吐芯而已。

于是旅人带头扔出三叉钢戟，大蛇负伤反噬，竟未能伤人。东海国有好吃之徒，闻讯食指大动，由惧转喜，蜂拥而至，欲分而食之。大蛇一看这势头，就赶紧潜到海里边遁走了。

通过这一仗，巫师龙王之惑就解开了。贝壳不再流通，满天下囤积这种东西的人都破产了。又过了 10 年，东海的民生由小康转至大同。

刚才我一人分饰两角，讲述了一个寓言故事。故事中善良的东海国，把自己一半的产出扔到海里边去，还自以为成功，这样的安排既合理又荒唐。当然取譬说理并不是对现实的完整映射，可能会存在一些跟现实的出入之处。未来某天，说不定会有艺术家朋友，能够用更好的艺术形式把这个故事表现出来，讲给世界各国的人民群众听，让他们理解这个道理。

从外循环为主转向内循环为主——基于人口指数的分析

2020 年 5 月 23 日，习总书记提出了建设以国内大循环为主体、国内国际双循环相互促进的新发展格局，为中国未来一段时间的发展指明了方向。当下，我们正面临着内忧外患的格局，老龄化水平加剧，人口红利衰退，以美国为首的西方反华势力也对我们围追堵截，必须加快实现从外循环为主的出口型增长向内循环为主的创新型增长转变，承接好、利用好人口结构改变带来的挑战与机遇。

人口结构的变迁

为什么要从人口的角度来研究中国的政治经济？

社会科学研究有很多的切入视角，其中人口的角度是一座"富矿"。因为从人口角度去研究政治、经济、社会思潮可以对未来进行长远的预判。人口是个底层的根本性"慢变量"，塑造了政治经济领域的长期趋势，为我们提前几十年预判事物发展的前景提供了比较科学的视角。

根据第六次人口普查（本书成稿时第七次普查的数据还没有公布）所揭示的中国各个年龄段人口数量分布，以此为底层数据进行推算，将 2014 年当期生存的中国人按年龄段分层计数，连接所得的数据即得到中国当下的人口指数曲线（见图4-1）。考察人口曲线有以下特点：

x岁人口/总人口：%

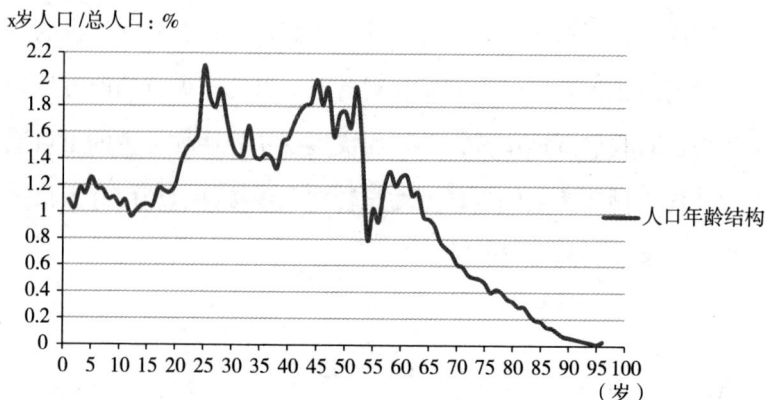

数据来源：笔者根据国家统计局数据自行整理

图4-1　2014 年中国人口年龄结构

第一，人口曲线从 50 岁左右开始总体沿横轴斜向下方延伸，揭示了人口老化的自然规律，人们从 50 多岁之后开始陆续地告别这个世界；另外一个坡度是从中间 50 岁左右往左下方倾斜，这个趋势称之为人口的社会规律（见图4-2）。

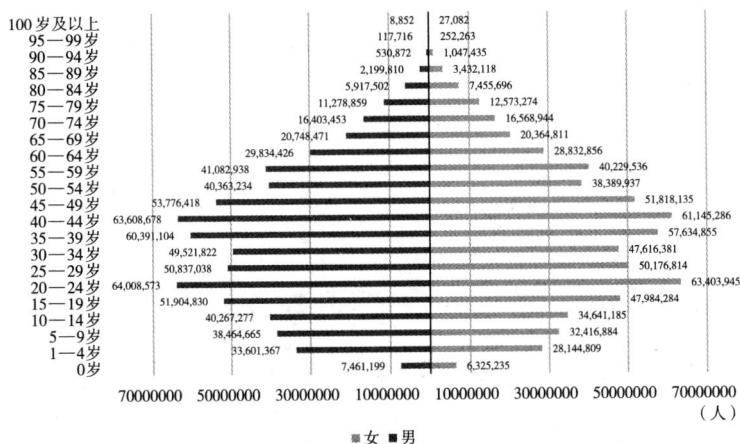

数据来源：国家统计局

图 4-2　中国人口年龄结构（分性别）

一个社会进入现代化之后就开始自发地减少生育，许多现代国家目前的总和生育率（TFR）指数在1.5—1.8，中国的总和生育率在1.5左右，也就是每个育龄妇女平均生育一个半孩子（见图4-3）。中国人口曲线的总体特点显示我们已经是一个现代国家，而不是一个传统社会。

总和生育率指数

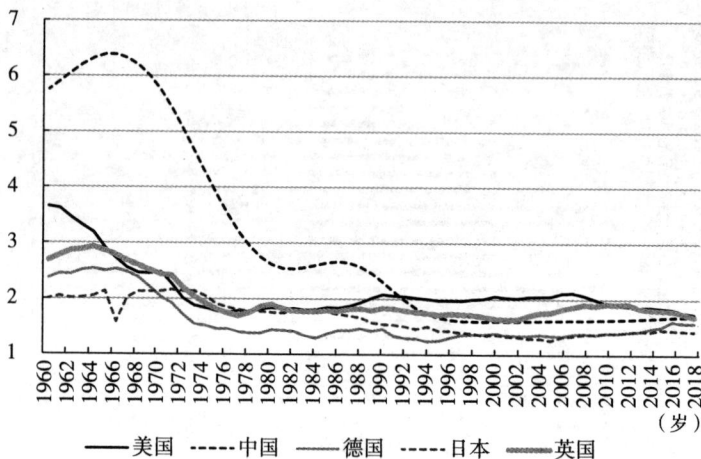

数据来源：世界银行

图 4-3 世界各国总和生育率指数

第二，人口曲线的波动性很大。发达国家每年出生的人口
基本上在均匀地减少，而我们则是大起大落。由于人口是整个
经济活动、社会活动的底层的要素，当底层的要素波动性特别
大的时候，就会导致中国的宏观经济波动性变得特别巨大，表
现在通胀、失业、利率等各个方面。如同海底发生巨大的震动
的时候，能量顺着海水传导到海面的波浪上，就会形成海啸。

在这条曲线上，中华民族新生儿的高峰——或者用西方的
概念来讲叫作婴儿潮（baby boomer）——来得比西方更晚一些。

美、欧、日社会的婴儿潮都是出现在二战结束之后，从 1946 年到 1962 年左右，日本结束得早一些，欧洲、美国结束得晚一些；而中国的婴儿潮出现在 1963 年到 1970 年，当时中国每年大约生育 3000 万个孩子，从 20 世纪 70 年代初开始出生率一路下跌。生在人口高峰期，对这些人本身具有重大的影响，因为这意味着他们必须一辈子跟更多的人竞争有限的机会和资源，比其他年龄段的人要付出更大努力才能获得同等的收益；而且这种悲剧性的命运是代际传递的，因为如果生在人口高峰期上，那么孩子有很大的概率将出生在下一个人口高峰期，我们称之为"回声潮"。中国的"回声潮"出现在 1985 年到 1989 年，相对更短一些，但是峰值也不差，每年出生的人口有 2500 万人左右。从 20 世纪 90 年代开始中国每年的新生儿很快掉到了 2000 万以下；2013 年开始先后放开了单独二孩和全面二孩，即便如此每年的新生儿人数也只是从 1500 万左右反弹到最高峰 1780 万左右，之后又迅速下跌；2020 年是近年来的最低点，勉强超过 1000 万。

第三，人口的质量变化非常剧烈。比如说接受过高等教育的人数随着代际更替变化得非常快，"60 后"婴儿潮一代每年约有 3000 万人，其中只有 30 万到 40 万人能够读上包括大专在内的广义大学；而今天每年年满 18 周岁的大约有 1500 万人，大学每年招生 800 万人，意味着将近一半的适龄人口能受到高等教育，人口质量得到明显的提升。

发展路径的切换

从国际政治经济学的研究角度，利用人口曲线可以解释和预判很多东西，比如从 2011 年起，中国的人力成本出现大幅的上涨。当时处于后金融危机时代，百废待兴，正好赶上"60 后"的巅峰期人口开始陆续退出低端劳动力市场，由于那一代人里受过大学教育的不多，所以每年退出的农民工群体特别巨大，可是当年大约只有 1500 万人年满 18 周岁，除去大学生后能够接替他们工作的不到 1000 万人，一进一出之间中国的农民工群体将是绝对量的减少，在需求不变的情况下工资水平将会持续上涨（见图 4-4）。

人口数量（单位：万）

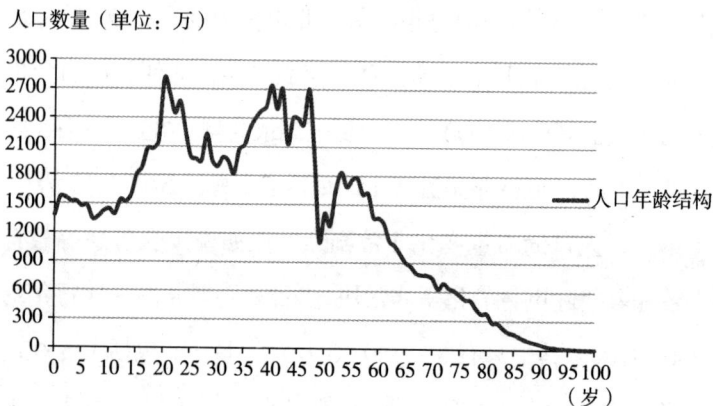

数据来源：笔者根据国家统计局数据自行整理

图 4-4　2010 年中国人口年龄结构

　　以前我们都知道中国的经济增长水平总要"保七争八"，意义就在于每增加 1% 的 GDP 就能够多为中国社会创造大约 100 万个非农就业岗位。以前中国还没有完成城镇化、工业化、现代化，所以有大量的年轻人在农业部门处于隐性失业状态，需要通过人为拉高经济增速来创造足够多的就业岗位。从国际政治经济学的角度来讲国有"三高"，即年轻人口占总人口比例达到高峰、失业率达到高峰、通胀率达到高峰，合在一起就会导致社会动荡。所以从 20 世纪 90 年代开始，中国政府一直努力用各种办法刺激经济，维持一定的经济增速，原因之一就是巨大的非农人口就业压力。从 2012 年也就是进入新时代之后，中国经济增速目标开始主动下调，因为我们没有那么大的低端劳动力的就业压力了。2020 年由于疫情的冲击，中国经济的增速只有 2.3%，但是中国东南沿海的企业仍然抱怨招工难，这充分印证了人口曲线的大趋势。正是基于这样的结构性因素，我在过去的十年里一点儿都不担心中国农民工的失业问题，因为即便中国经济增速为零，也不会出现大规模的农民工失业。

　　未来很长一个时期，我们面临的真正的就业压力是大学生就业。以前中国通过大规模招商引资，花了短短的 20 年时间，就实现了人类史上最大规模、最快速的工业化，通过大规模对美、欧、日进行出口，我们从 1992 年开始快速切入了全球商品的生产大循环。然而这种外包（outsource）其实是双向的，当美、欧、日把它们的低端就业岗位大规模地外包到中国东南沿海的时候，无形之中我们已经把本来属于自己的研发、投资等高端就业岗位反向外包给了西方。以今天的人口结构和就业需求，我们真正面临的就业压力来自每年 800 万高等教育毕业生，包括大专、本科、硕士、博士，他们的就业需求是自主研发、品牌设计、投资、风险管理等。要想为他们创造足够的就业岗位，恰恰需要我们从以外循环为主的出口型经济，回归到以内循环为主，内外双循环相互促进的新发展道路上来。从这个角度来讲，新冠肺炎疫情只是加速、推动了这样一场本该早就发生的发展路径的切换。

中国房市最后的疯狂

从微观的角度来讲，人口结构的变迁对个人的资产配置也具有指导意义，这个问题需要与人一生的消费曲线联系起来。年轻人有欲望但是没钱，所以消费能力弱；老年人即便有钱也没有欲望，所以消费能力也不强；真正的消费主力是中年人，一个人的消费高峰大约是在 45 岁。诚然，个体的具体消费行为发生在哪一年具有随机性，但是群体展现出来的统计学特点是非常稳定的。根据这条曲线，我们可以模拟出一个消费者在不同年龄段的消费选择：30 岁左右结婚需要买房子；42 岁左右事业有成会改善住房条件；47岁左右来到消费高峰；60岁左右是医药支出高峰；65岁左右是养老和度假房产的高峰。根据人身房产消费的敏感时间点，再结合中国1963年到1970年的婴儿潮以及他们的孩子，也就是1985年到1989年的"回声潮"，可以推算出来2005年到2012年会是全中国房地产的牛市。这种推算方法可以使我们在20世纪90年代就提前推算出这轮牛市，而且这轮牛市会非常猛烈，即便发生金融危机也无法阻碍。下一轮牛市在2016年到2021年之间，"回声潮"一代先后步入而立之年，婚房需求量大增，偏重大城市远郊的小户型房产。最后一轮牛市预计发生在2027年到2030年左右，"回声潮"一代来到购买改善型住房的巅峰时刻以及他们的父母——婴儿潮一代来到养老房的消费敏感时期，那可能将是中国房地产市场最后的疯狂了。

刚才我们从纵向的角度进行了分析，现在我们从人口流动的角度，也就是横向的视角来比较一下房产牛市在不同区域的表现。人口净流入区域房产的价格，即便是在其他地方熊市的时候也在倔强地上涨；而人口净流出区域的房产价格，即便是在全国的牛市里也会温和地下跌。当然，这种分析方法对中国已经属于过去式了，因为未来中国人口水平将会稳中有降，但是这样的分析方法完全可以应用到对"一带一路"沿线国家的投资中去，只要掌握了人口结构的数据，我们对那些国家的房地产周期、资产泡沫周期，以及它们的汇率、利率、通胀和产业政策等，都能够做到预判，这对研究如何在全球配置资产是非常有价值的。

高质量发展

2020 年 10 月，党的十九届五中全会指出，"我国已转向高质量发展阶段"。高质量发展，不单单是经济增长与产业转型，而是要更好地满足人民群众日益增长的美好生活需要，在教育、养老、基础设施、公共服务等方方面面提高人民群众的获得感、满足感。而早在 150 年前，一个新兴的地区大国，正是通过实现高质量的发展，赶超了世界霸主英国，实现了民族复兴，它的历史经验，仍然值得我们今人学习。

产业联合与金融赋能

在 1871 年之前，普鲁士王国在 6 年之内连续发动了三场战争，分别对丹麦、奥匈帝国以及法国兵戎相向，在铁血宰相俾斯麦以及传奇将领老毛奇一文一武的搭配下，奇迹般地连续获得了三场战争的胜利，最后形成了一个新兴的帝国，就是德意志第二帝国。通过战争完成了国家的统一，进而整合了国内市场，统一法律、货币，然后又以普法战争中获得的 50 亿法郎黄金的赔款为本钱，建立了金本位制度，推动了之后的第二次工业革命。借助第二次工业革命的机会窗口，德意志第二帝国实现了对原先长期领先于它的老霸主英帝国的经济反超。

在 19 世纪末 20 世纪初，有两个国家在经济规模和技术实力上超过了英国，它们就是美国和德国。如果说美国超过英国主要靠规模经济，那么德国反超英国主要是靠质量取胜。德国实现了高质量发展，能够采取更好的治理模式支撑更高的经济发展速度，能够提供优于英国的资本密集型、技术密集型的产品。

德国究竟是靠什么样的办法实现了高质量发展？熟悉我的民本主义政治经济学理论框架的朋友都知道，公共部门才是发展的关键所在。德国之所以能够后来居上，第一个方面就是它的政府能够为市场提供更好的公共产品来支撑它的规模增长和高质量发展。比如说市场的创造和维护，德国通过大规模的统一战争，实现了小德意志地区的统一，也就是除了奥匈帝国之外，其他的德意志地区和德意志人口基本上被它统一了，国内市场的障碍也就消除了。更重要的是在对外贸易中，德国政府将自由贸易和高关税政策交替使用，变阵施治，目的就是要打开别国的市场，同时保护自己的民族工业。

第二个方面就是产业部门的强强联合。最初德国的产业部门中也流行自由竞争的思潮，大量的企业涌现出来进行充分竞争，德国经济于 19 世纪 70 年之后开始进入内卷化发展，开始出现产能相对过剩的萧条，这其实是市场经济与资本主义内在的必然逻辑。在金本位制度下，总的货币供应量有限的话，通缩很容易伴随着经济的萧条一起发生。

从1873年开始到1895年前后，德国经济的萧条整整持续了将近一代人的时间。为了应对长期的通缩与萧条，德国企业采取的办法就是兼并与联合。首先是组织卡特尔（Cartel），所谓卡特尔就是企业间松散的联盟；然后进一步发展为辛迪加（Syndicate），辛迪加比卡特尔联合得更加紧密，通过设立行业的委员会实现各个企业之间商务经费公摊与产品集中销售，获得的利益也按照协议在辛迪加成员间分配。

一个典型的例子是1904年巴斯夫、拜耳、爱克发三家著名的化工巨头形成了三方联盟。另外一家著名的化工企业成长得快，所以就暂时没加入它们，而是以自身为龙头，牵头了一批中小型的同行另外成立了一个集团叫赫斯特。一战之后，到了1925年，德国化工业这两大集团合并成一家公司，叫作法本工业公司。这家集中了德国所有化工业"大佬"的巨无霸公司，代表德国去跟美国和英国的同行进行竞争。

在持续通缩，也就是销售产品价格持续下跌的大时代里边，德国产能过剩的这些行业，通过不断兼并与价格协调达成产业的合作，以此来对抗萧条的大环境，这种做法当然是企业自发的，但是它也是得到政府认可和法律支持的，1878年俾斯麦推出的《德意志公司法》承认卡特尔协议的法律效力。而西方的自由主义经济学一般认为垄断会带来低效，所谓低效是指一个单独的社会经济体内部如果出现垄断，会导致企业间竞争不充分，使消费者的福利受到损失。

但是真实的世界里，处于开放的全球经济体系中，每一个国家都不可能单独关起门来搞建设。德国企业通过联合最后形成一家大公司，它的确是垄断企业，但是也产生了规模效益，只不过它的规模效益是以全球消费者的福利损失为代价的。因为这家企业占了全球市场很大份额，能够拥有一定的定价权，从全球市场上获取非充分竞争带来的超额利润，然后再通过工资与社会福利体系分享给它的雇员，分享给本国的国民，使本国国民的收入福利有所增长。第一次世界大战开战不久，尤其是美国对德宣战之后，德国的化工、制药等领域的企业在美国的大量资产，包括有形资产与无形资产（知识产权等）全部被美国没收掉了。

德国政府一方面有意地允许、扶持这些产业巨头不断联合，另一方面也在努力保护一些中小家族企业的生存和发展，从而形成了一批"隐形冠军"。一些德国的家族企业有着上百年的历史，专精于某一个小产品，把持着特殊的技能，一代代传下来，在一些较小的市场中取得了绝对的优势。最近，这一两千家隐形冠军中间有不少被中国以及亚洲各国的企业所收购，因为德国生育率低下，后代们一旦不愿意经营，许多家族企业就传不下去。总体上来看，德国政府鼓励大企业强强联合，但同时也确保大树底下还有一些小草——还有一些中小企业与巨头协作，形成了比较健康的市场生态。

德国之所以能够形成高质量发展的第三个方面是，德国的金融业坚持为实体产业服务的定位。德国经济总体上没有出现金融空转，实体被金融剥削的局面，缘于它鼓励金融资本和产业资本紧密结合，而且这种紧密结合不是说业务上的松散结合，而是说股权、人事上有高度的交叉。由于银行在企业里面有股权，所以银行派人去企业里边担任高管，反过来大的工业资本盈余之后也入股银行。与此同时，德国的银行是全能银行，除了可以做贷款业务之外，还可以做投行的工作，帮助企业发行股票、债券，甚至还可以组成银团，为企业提供特别大额的信贷。德国银行业的融资能力特别强，以至于吸收了不少法国金融业同行的储蓄。阿尔萨斯和洛林被德国拿走之后，直到一战之前法国社会对德国的态度一直是怀恨在心，但即便如此，两国的金融业仍然进行着紧密的合作。法国的银行吸收法国老百姓的存款，然后把钱投到德国银行里边，由德国银行放贷给德国的工业，结果德国的工业越做越强，而法国跟德国的差距越来越大。所以总体上来讲，德国的金融业为德国本国的实体经济发展与对外开放提供了非常好的服务。

重视分配的健康发展

总结德意志第二帝国高速、高质量的工业化崛起经验，能够为今天的中国进一步高质量发展提供哪些经验与启发呢？

第一是要加快转变发展模式。国家应该系统地提高在研发领域的持续投入，并且必须下大力气保护知识产权，打造大企业牵头，中小企业配合的健康的产业生态，不要被自由主义经济学所束缚，同时还应该搞好社会的再分配，实现社会团结与和谐，扩大国内总需求，而不是压低本国居民的收入和福利，依赖国际消费者。德国的发展模式跟日本二战之后的发展模式是非常不一样的。日韩或者东亚地区在二战之后的发展模式是一种非常典型的依附式发展，其本质是一种半殖民地式的发展模式。它的逻辑是以压低本国民众福利为代价，通过大规模的制造业生产，向宗主国大规模出口产品，慢慢地从微薄的利润中间形成资本积累，然后慢慢地升级。这样一种发展模式在亚洲被认为是理所当然，但发展不是必须如此，我们看到德国的发展模式没有压低本国民众的福利，而是给本国劳动者提供了比较好的福利，使得本国的企业无法通过压榨劳动力来获取利润，而更多是要通过科技发展来获得利润，所以德国的发展模式要比东亚的发展模式更加健康。表现在汇率问题上就是德国在实现工业化的赶超与恢复过程中，德国马克的升值是比较爽快的，而日本总是不愿意日元升值，老想占出口的便宜，结果德国经济的扭曲是比较少的，而日本的经济扭曲则十分严重，最后导致了资产泡沫的破裂，经济一蹶不振。

第二是要认识到福利制度的重要性。福利制度是德意志第二帝国的原创制度安排，通过财富的再分配，向中下层民众提供养老、医疗等方方面面的社会保障。福利制度创造了德国国内规模庞大的繁荣市场，更加重要的是维护了德意志第二帝国的统治稳定。俾斯麦等人之所以愿意发展福利制度，最初的目的不是提振经济，而是政治考量，因为德国的阶级矛盾从立国之初就特别尖锐。李卜克内西（Liebknecht）、倍倍尔（Bebel）等人所创设的德国社会民主工党，在德意志社会内部领导了非常明确的阶级斗争趋势，而德国的统治者尤其是德国皇权，特别担心这种政治斗争趋势，所以一方面要打压，另外一方面又要掏空他们的政治市场。所以德国政府吸收了德国社会民主工党所主张的一部分政策理念，然后把它变成了国家的政策，使得德国社会民主工党的斗争方式与斗争空间，保留在德意志第二帝国的政治框架内，而不是要推翻德国的整个政治秩序。所以这个福利制度有效地缓解了德国的阶级矛盾，稳定了社会秩序，也稳定了劳动者的队伍。

第三是要提供教育的公共产品，即从小学开始一直到大学的，全序列的高质量教育。德国是在全球最早搞中小学义务教育的国家，有专门的研究者提出一个概念叫国兴科教，就是主权政府主动拿出大量的财政支出来兴办教育。1913年一战爆发之前，德意志第二帝国16.8%的财政开支用于国家教育经费，仅次于国防开支。

第四是要重视基础设施建设，最典型的就是铁路系统。在进行战略史研究的时候会发现德意志的统一战争过程中，总参谋长老毛奇的重要战略创新就是充分地使用了德意志地区的铁路网络。德意志地区在统一之前就一直对铁路建设投入重金，发达的铁路带来了大规模的战略机动空间，在战争中得到了充分的利用。在统一战争完成之后，德国没有放松对铁路系统的建设投入，由私人来投资建设，而是由国家来统一规划、管理，所以德国的交通设施不是私营企业各自为政，它的定价策略与运营模式都是由国家深度干预的，极大地支持了它的第二次工业革命。

第五是要重视立法保护创新。德意志帝国建国之后没多久，就于1877年推出了《专利法》，对国内外进行德国专利的保护，从而为德国的高科技产品实现在国外市场上的垄断保驾护航。这些做法显然跟当时英国所创造并流行于世的自由主义经济政策背道而驰，为什么德国有自信心去"冒天下之大不韪"呢？实际上，德国的国家干预主义经济政策，源自非常有德意志民族特色的历史主义经济学。

历史主义经济学也称历史学派，起源于德国社会科学界对英式的自由主义进行的系统的批判。历史主义（Historicism）经济学拒绝经济运行的普遍规律，强调本国、本民族的特殊性；具体到经济发展模式上来讲，历史主义经济学家拒绝简单地模仿英国等先发国家，因为国情与发展阶段不一样，所以要根据实际情况来提出适于本国的政策。这种系统的政治经济学理念、思想的创新，给德国政府提供了道路自信和理论自信，所以在治国理政上采用了一套非常特立独行的模式，我们称之为德意志道路。

跳脱资源诅咒

电影《血钻》里边有一个场景令我记忆犹新，主人公穿过一片村庄的废墟，不禁停下来询问幸存者发生了何事，幸存者解释因为有人在这里发现了钻石，随后又补充了一句——还好他们没有在这里发现石油。明明钻石和石油都是价值连城的宝藏，为什么这些宝贵的资源没有给所在地的人民带来富裕的生活，反而带来了战火与贫困呢？这就是国际政治经济学上的一个重要的命题——资源诅咒（Resource Curse）。

物对人的挤出效应

什么叫资源诅咒？当一个国家发现了某种储量巨大、市场需求巨大的自然资源，进行采掘开发的时候，在开发的头几年会出现一个短期的经济热潮，热潮之后经济会回落，而且往往会回落到资源开发之前，甚至还会引起长期的经济萧条与社会混乱。资源的采掘不但不是上天的恩赐，反而是一种诅咒。

在民本主义政治经济学中，发展不是物的堆积，而是让人的能力不断得到提升。资源诅咒使得一个区域的产业出现单一化，宏观经济的波动性加剧，社会稳定性变差，表现为"旱的时候旱死，涝的时候涝死"。

在世界经济体系中心—外围框架中，最中心的国家是卖"面子"的，次中心的国家是卖脑力的，第三层的国家是卖血汗的，最外围的国家是卖资源的——靠山吃山、靠水吃水。当今世界上的许多国家都以贩卖资源为支柱产业，比如大多数中东、非洲、拉美国家，甚至还包括俄罗斯。在一个国家的内部也存在这样的分工，以山西省、内蒙古自治区为代表的广袤的中西部地区，都在源源不断地向东部地区输送原材料与人力。它们都遭受了资源诅咒，也就是说在那里自然资源的采掘压倒了其他产业，即物的因素对人的因素发生了非常明确的挤出效应。

投机与腐败交织的顽疾

资源诅咒不是单一机制的小病，而是一场多种机制复杂交织的顽疾。从经济和市场机制的逻辑来分析，大宗商品的价格波动特别剧烈，对国民经济会造成巨大的冲击。以石油价格为例，从 2000 年之前的 10 美元／桶左右，最高时上涨到 2007 年次贷危机爆发之前的 147 美元／桶，最低时又在新冠肺炎疫情的影响下跌破 0 元／桶。经历了熊市与牛市、危机与恢复、疫情与缓和，一桶原油的价格在短短的 20 年时间里来回地"坐过山车"，一会儿极其亢奋，一会儿又极其悲观。

比如说著名的资源型城市鄂尔多斯，其煤炭储量约占全中国的1/6。工业时代之前，鄂尔多斯是闻名遐迩的游牧草场，蒙古族同胞在此创造了璀璨的草原文明，畜牧业与羊绒纺织业自古以来繁荣昌盛。进入工业时代以后，鄂尔多斯以开采煤炭起家，迅速成为远近闻名的富有之地，但是煤炭采掘业的一家独大挤占了其他行业发展所需的人才与资源，牧民、农民、纺织工人全部转而从事煤炭行业，将近95%的居民就业与煤炭挂钩，产业结构严重单一化。一旦煤炭价格下行，所有围绕煤炭的采掘业、加工业、运输业，甚至为煤炭工业配套的餐饮业、旅游业等都会遭受剧烈的冲击，人民的正常生活受到极大影响，很多人被迫背井离乡另寻出路，原本富饶美丽的草原明珠一度成为"鬼城"。现在，通过鄂尔多斯市多年的努力，城市经济正在慢慢地恢复，房价也重新涨起来了。

从政治和社会机制的逻辑分析，资源诅咒往往与社会腐败相伴。几乎在全世界各个角落，只要开采自然资源有利可图，就很容易被当地有权有势的一小部分人窃取。资源采掘业往往是资本密集型行业，所以有些资源丰富却缺乏资本的国家选择跟一些著名的跨国公司合作。许多靠自然资源存活的小国，当地的王公贵族与所谓的"民选总统"往往是跨国公司的傀儡，跟大的能源巨头、产业巨头形成深度的利益捆绑。在这个过程中，他们把出售自然资源所获得的钱大部分留给自己，少部分发给老百姓赎买一下权力，所以这些国家的政治现代化、社会现代化、国家治理现代化是非常困难的。因为"树欲静而风不止"，那些来自西方国家的资源巨头往往希望维持原有的腐败政治，以最大化其利益。等到资源枯竭、资本外逃时，繁荣时期形成的利润被少数几个家族侵吞，他们把财富都转移到纽约、卢森堡、香港等金融中心，留给当地人民的只剩"一地鸡毛"。

此外，资源采掘业的发展，往往会导致当地社会的裂痕越来越大。因为采掘业是存量博弈，有限的资源无论怎样分配都无法使每一方利益集团满意。一些小国的自然资源分布在偏远角落，中央政府把它卖给了某跨国公司，往往当地的部落就会非常有意见。比如中央政府把资源卖给了法国人，可能英国的矿业公司就过去捣乱，派个代理人跑到当地部落挑拨矛盾，蛊惑他们："祖先给你们留的石油和钻石被中央政府给抢走了，卖给了法国人。现在我给你们信贷和军火，你们把中央政府军赶走自己经营，我来买你们的资源，收入用来抵我现在给你的信贷和军火。"这种事情在欧洲资源巨头的历史上屡见不鲜。

破解资源诅咒

资源诅咒真的无药可救吗？

第一要对资源采掘业进行抑制，尽量从国外购买自然资源。假如某地方拥有非常好的自然禀赋，比如煤炭，我们应该在扩大产业链上面做文章，对煤炭进行深度研发，做出下游的煤炭化工产品，而不是单纯地贩卖原煤。

第二要控制总收入。许多资源丰富区的决策者往往想在资源价格高的时候多卖一些，价格低的时候少卖一些，把自然资源的市场价值最大化。这个想法听起来有道理，但在实践中往往会导致地方的宏观经济波动性巨幅增加。所以站在经济治理的角度来讲，要反其道而行之，在资源价格低的时候适当多卖一些，资源价格高的时候适当少卖一些，进行总收入的规划，保持经济的平稳增长，避免出现巨幅波动。

第三要把贩卖资源所获得的短时丰裕现金流用来培养本地的年轻人，使这些年轻人具有不依赖资源的全球竞争力。比如沙特阿拉伯靠出卖石油资源获得了巨量的财富，其王公贵族们常常一掷千金，但是他们充分意识到自然资源带来的繁荣将是有限的，有句名言叫"我爷爷骑骆驼，我父亲开奔驰，我现在开飞机，我儿子开奔驰，我孙子骑骆驼"，讲的就是"坐吃山空"的道理。沙特政府为了吸引制造业"落户"，促进本国经济多元化，避免对石油出口的过度依赖，愿意付出高额的成本补贴企业。曾经有一个跟沙特王室关系密切的商业家族来到中国，希望介绍一些能源密集型的制造业给沙特进行合作开发，不过合资企业的管理层需要至少有 60% 是沙特本地的国民，而沙特方面愿意给中国巨额的补贴。假设中国的铝业企业在沙特开了一家电解铝厂，总投资是 10 亿美元，中国生产商只需要拿出 1.5 亿美元本金，加上商业家族提供的 1.5 亿美元入股，各占一半股权，另外 7 亿美元由沙特政府提供长期的无息信贷；假如在投产之后的 8 年里该厂达到了最初规划项目所制定的产出指标和雇佣指标，那么初期投入的 7 亿美元就不用还了。

第四要搞储备，也就是以丰补歉。能源价格上涨的时候，要把大部分收入放进长期的财富基金里进行投资，等到资源价格低迷的时候，通过基金的收益来维持平稳的社会经济活动。比如挪威也是能源出口大国，但是它比较好地治理了自己的资源诅咒问题，其中一个重要的方面就是它的主权财富基金管理得比较好，投资收益率也比较高，在资源财富的代际传承方面做得比较完善。

中国的中西部省份也可以借鉴这种管理模式，在资源价格上行的时候建立强制储备，不能被拿来即时消费；等到资源价格下行时，除了要动用储备弥补收入之外，还需要中央政府加大逆周期的转移支付，从而熨平它们的宏观经济波动。

东北振兴之机

中央为了振兴东北，前后出台了不少政策，也投入了很多资金，但就目前来看，东北振兴的效果可能跟我们的期望还是有距离的。如何才能实现东北振兴，或者说最近这十几年东北经济的相对衰落根源在什么地方？只有找准了病根，我们才能开对药方。

全球化的牺牲品

东北究竟有什么问题？

第一种观点认为东北的"文化"不行。这个"文化"背后暗含的是东北的软性制度落后，认为东北的官员沾染了许多官僚机构的恶劣习气，没有重商、亲商的服务精神；而且比较腐败，热衷于对企业家进行"盘剥"。我不太同意这种观点，我在 20 世纪 90 年代的广东生活过，据我所知，广东经济开始腾飞的初始阶段，商场上也是非常讲关系的，但是这种"人情"并没有妨碍广东的工业化崛起。事实上，从经济学的角度来讲，"人情"其实是一种交易成本——全世界哪个地方的人能完全不讲人情？这种最流行的观点犯了一个错误，就是用普遍性的因素去解释区域性的特殊现象。我认为市场经济发达的地区，比如广东、江苏、浙江的服务精神相对来讲在全国领先，社会治理水平较好，是市场经济发展的结果而不是原因。

第二种观点认为东北的问题跟区位与地理特点有关。比如气温，东北的冬天过于寒冷，以至人们都躲在屋里不出来，平白损失几个月的生产时间。这种观点也是不对的，地理对经济发展的确有影响，但是这种影响并不是必然的，欧洲最富裕的区域恰恰是北欧、西欧地区，而不是温暖的欧洲南部；同样，美国最早发展起来的地区也是天气寒冷的纽约一带。

东北的问题到底出在哪里？

从民本主义政治经济学的角度来分析，第一是全球化的问题，第二是老龄化的问题。全球化、老龄化带来的人口流动和产业变迁才是东北问题的根源。

东北原先是中国的工业重心与经济重心，也是中国城市化、工业化发展最早的区域之一。中华人民共和国成立之后，因为技术基础较好，苏联援助的很多工业也放在东北，所以在计划经济时代东北是领先于中国其他地区的，不仅人均寿命高，人均营养摄入、人均教育水平、城市化水平都是中国一流的。在非开放的封闭经济条件之下，东北实际上成了中国经济的中心，而中国的其他区域成为外围。

1992 年之后，中国加速融入以美国为中心的世界市场体系，整个中国成为体系的外围，东南沿海利用它的区位优势与人口密度优势，通过大规模招商引资发展出口加工贸易，形成了跟全球市场体系中心的交换关系与分工关系。在这个过程中，东北其实是"牺牲品"。

我们可以这样理解，中美原本是两棵植物，各有它们的根茎和枝叶。东北原先是整个中国经济的根部，在中国加入以美国为中心的世界贸易大循环之后，以东南沿海为代表的枝叶部分就嫁接到更为强壮的美国的根上去了，脱离了整个中国经济的内循环，东北就成了孤零零的"树桩"，不可避免地走向衰落。实际上，中国许多在计划经济条件下发展壮大的高科技重工业，在 20 世纪 90 年代都被牺牲掉了，中国的经济重心就此从东北方转向了东南方。

进一步地，随着东南沿海制造业的不断发展，广东、江苏、浙江等制造业大省的可贸易部门保持着相对强势，使得人民币汇率因为它们的出口而整体偏高，加大了制造业相对弱势的内地省份参与全球竞争的难度，使它们的产业无法获得竞争力，进一步削弱了东北地区的经济发展潜力。

早衰的"共和国长子"

祸不单行，东北不仅没搭上全球化的"便车"，反而走上了老龄化的"绝路"，东北是中国最早开始老龄化的地方。劳动力衰老可以用机器人代替，所以老龄化社会的产出并不会减少，但是机器人没有充电以外的消费，所以一个社会一旦开始老龄化，消费就会开始萎缩。此外，人的生命周期就是欲望的周期，从统计学意义上讲47岁是人的消费高峰，之后一路下降。所以从20世纪90年代中期开始，下岗潮叠加老龄化浪潮共同塑造了使东北经济逐步跟中国平均水平拉开距离的内在因素。

东北原本的中心地位被世界市场体系取代后，形成了老龄化与经济衰退的恶性循环。老龄化加剧使消费动力减退，造成服务业的相对萧条，当地经济持续低迷；本地的年轻人很难在家乡致富，而人口是可以自由流动的，从东北出来读书的年轻人失去了返乡的经济激励而留在外地，反过来加速了东北老龄化的趋势；没有返乡创业的经济动能，留在本地的年轻人的就业机会进一步下降，年轻人不得不背井离乡外出打工。许多人以为当地年轻人少了，留下的年轻人反而就值钱了，事实恰恰相反，年轻人聚集得越多、越密集，每个年轻人发展的机会就越大。因为人是一种群居动物，聚集使得社会分工的规模扩大，交易机会增加，合作的成本就降低了。

东北成为中国老龄化最快、最严重的区域，恰恰是因为东北是中国现代化、城市化、工业化最早的地区。现代化的一个核心指标就是女性的受教育水平，或者说女性的解放程度。在各种传统社会中，女性的地位是被压迫的，但是女性一旦受了教育，获得了自力更生的能力之后就觉醒了，不再是男人的附庸与家庭的生育工具，主张为了自己而活，而个体的觉醒带来了群体生活方式的重大变化，表现为离婚率高企，生育率低下。对女性来讲这是件好事，但如果从宏观政策的角度上看，长期的生育率下降会导致社会老龄化加剧。

有些经济学家认为东北应该跟东南方形成梯度发展，因为东南沿海的纺织业即将没有竞争力，所以东北应该搞纺织业发展，进行产业的承接。我认为这种观点在实践中肯定不会成功。其实东北在 20 世纪 30 年代就发展过纺织业了，到了今天，东北还有足够多的年轻工人愿意去纺织厂从事每天 12 到 14 小时的高强度劳动吗？我认为这不是向前进，而是走回头路。

打造东北振兴新契机

如何才能够真正有效地振兴东北？

我认为必须寻找一个契机，在东北地区构成新的良性循环。假如说未来我们抓住一个地缘政治契机将图们江出海口打通，恰逢全球气候变暖，北冰洋航道的通航时间越来越长，再多造几艘大规模的破冰船就可以保持通过北冰洋前往西欧去的海上通道长时间开通。那么我们完全有可能在图们江出海口区域打造一个经济热点，建设一个新城，提供政策扶持与足够的先期投资，吸引全东北的年轻人，让他们不要"孔雀东南飞"。在此基础之上，甚至能够吸引中国其他地区，甚至世界范围内一部分年轻人共同开发新城市，在东北形成火种、热点，发展新的良性循环，让东北重新绽放新活力。

从抢资本到抢人大战

过去中国地方政府热衷于招商引资——抢资本，但是最近一些年出现了转变，全国各大城市纷纷从抢资本转向抢人，尤其是抢年轻人。2012年前后，我提出"抢资本不如抢人"的观点，到湖北、浙江讲课时也经常"自卖自夸"，现在回过头来看，浙江、湖北的一些人才政策可能与我当年的宣讲不无关系。

存量博弈下的残酷竞争

2008年的金融危机对全球经济和全球市场体系造成了巨大冲击，各种全球化指标都出现了不同程度的逆转。全球总需求萎缩，整个世界中心—外围结构中间，发达中心国家的10亿人口变老了，杠杆率与需求都在不断减退，不愿意像以前一样无止境地吸纳我们的增量产出，全球市场空间再也无法保持以前的扩张速度。中国也正在快速走向老龄化，国内的投资高峰从2012年之后就开始步入下降的螺旋。全球需求不足而产能相对过剩，经济长时间低迷，资本收益率持续下降。欧盟、日本和美国的利率长期维持在极低位，甚至是实际负利率的状态，我把钱借给你,不但不会跟你收利息,反而还要向你交保管费。这个负利率是指全球金融体系的内核部分利率为负,也就是国债收益率为负,而不是零售市场上的利率,银行存款利率虽然极低,但仍然是正的。

资本不再稀缺,到处都有人拿着钱想要投资好项目,问题是值得投资的好项目难找,全球普遍陷入"资产荒"。整个世界经济的游戏从增量博弈变成存量博弈,财富蛋糕很难再像以前一样持续做大,而是陷入厚此薄彼的零和赛局之中。在抢蛋糕、分蛋糕的时代,谁能够抢下更大的市场份额,谁就能够过得更好;谁抢到了年轻人,谁就抢到了未来。

存量博弈下的抢人大战其实是一种以邻为壑的政策,因为世界上优秀的年轻人越来越少,把别的国家的年轻人抢到本国来,意味着别的国家就会相对衰落,形成"空巢"。一位以色列的著名学者认为,对一个族群而言,每代人中间真正重要的就是极少数精英,而同代绝大部分人的存在主要是为了保持基因的多样性。我们当然要批评这种精英主义的思想,历史是由人民群众创造的,而不是少数精英分子,但是这句话也在某种程度上解释了资本主义世界中的一些事实。假如一个国家某年有1万个孩子出生,其中最优秀的前100个孩子被美国吸引走了,那么这1万人的主要价值就被美国攫取了。所以资本主义世界中的抢人政策其实是带有某种以邻为壑味道的残酷竞争手段，年轻人成长的成本由家乡来承担，但是他长大之后的消费和创造都贡献到他的迁移目的地。

抢人才，其实是投资未来

既然存量博弈下的抢人大战是以邻为壑，那么我宣传"抢资本不如抢人"岂不是鼓励地方政府之间恶性竞争吗？其实不然，现阶段我国经济还存在增量空间，地方政府之间的相互竞争其实是在投资未来的发展。过去的"晋升锦标赛"迫使地方官员进行抢资本的恶性竞争，现在由抢资本向抢人才转变，正是竞争方式与竞争重点的转型，把原先用来补贴外国资本、外国消费者的资金，转而补贴本国的年轻人。通过从抢资本向抢人的转变，实现地方治理从以经济建设为中心向以人民为中心的转变。

我曾经和北京大学国家发展研究院的徐远教授讨论过地区的繁荣到底是缘于人的云集还是产业的集聚，他认为把人都抢来之后如果没有足够规模的产业提供就业，人才就会流失；而我认为在全球低利率、负利率时代里有人就有一切，产业会跟着人走。实际上我所主张的抢人，不一定非得抢大学生，只要是有一技之长、愿意劳动、能够产生有效需求的年轻人，都应该珍惜。

有的地区财政比较紧张，对吸引人才所需的配套设施有畏难情绪，对医疗保障、养老服务、公共设施、子女教育等方面的公共财政投入有所顾虑，认为抢人才不像抢资本那样合算：吸引企业"落户"本地，只需要给予税收等优惠政策，而且能够扩大就业，增加本地的财政收入。诚然，抢人才的确会带来成本，但是对人才政策的成本—收益分析，一定要放在长远周期的背景之下进行。抢人才就像发行债券，债券一经卖出就能够获得即时的现金流，但是本息的偿付却可以推到更久远的将来；年轻人才的落户立刻就会带来消费的增长，但是医疗、养老保障的支出却是将来时。一位年轻人，从到达当地的那一天开始就要消费，他每吃一顿饭，当地的餐饮业收入就增加了，每带着女朋友去看一次电影，电影院的现金流就增加了。所以流入的年轻人越多，当地的各种资产价格与现金流增加得越快，以这些增加的价值去金融市场上融资，就会获得更多的现金，再加上人才带来的创造性的劳动价值，总收益就更加可观。

我曾经为武汉市的人才政策建言献策，只要外地的大学毕业生来汉买房，300万元的房价只需首付100万元，而且地方政府为他们补贴其中的10万元，足以见其诚意饱满，力度空前。在地方政府的慷慨助力下，青老两代人合力贷款买房，吸引了不少河南省、陕西省、河北省、山东省的青年才俊，携家带口喜迁武汉新居，成为"新武汉人"。大约60%的房价，会通过土地拍卖、税收等环节，转化为武汉市提供更优质公共服务的基金，再次投回年轻人生活的方方面面，实现"取之于民，用之于民"，形成来汉人才与地方发展的双赢格局。

而对于个体而言，从中小城市向抢人才的大型城市流动，同样是一项稳赚不赔的投资。除了更好的个人发展之外，资产价格的提升同样可以弥补迁移的成本。就房价而言，先流动的人才已经尝到了甜头，因为当时他们在武汉买房的价格是8000元到1万多元，而从2012年武汉加大人才政策力度至今，由于市场供需的变化，武汉的房价已经上涨很多，所以在许多重大的问题上，方向的选择甚至比努力更加重要。在武汉、杭州等地的先行先试小有成效之后，另一些二线城市比如西安开始奋起直追，从2016年开始加大力度吸引人才。

当时BBC（英国广播公司）等媒体曾经抹黑过中国的武汉和郑州，他们从飞机上航拍，报道郑东新区是一座空城，以此来暗示中国的基础建设都是超前的、无效的投资。还有一个节目组跑到武汉采访当时的地方领导，为了宣传地方发展的成绩，他很热情地介绍，结果这个节目组回去之后改头换面，把他剪辑成一个只会盲目举债发展而忽视民生问题的失职官员，在国际上造成了一定的负面影响。BBC这类无良媒体就是典型的"媒体经济学家"，根本不理解国民经济运行的逻辑，只是简单地拿数据进行比对，然后异想天开地血口喷人。其实武汉的地方债根本不是问题，它是九省通衢、长江黄金水道的枢纽、米字形高铁的中间点，拥有得天独厚的区位优势。它还是中国知名的大学城，据统计，每年毕业的近百万大学生中大约有 1/3 会离开武汉前往一线城市发展，还有 1/3 会回去建设家乡，还有 1/3 会留在武汉，而前往一线城市的年轻人里又有一半会回流到武汉。换言之，长期来看，每年武汉培养的近百万大学生中会有一半左右能够留得住，如果武汉出台一系列政策扶持这些年轻人发展，它投资的那些基础设施都将会成为武汉经济腾飞的重要助推器。

以人才为本的发展道路

未来的抢人大战应该是一种常态化的良性竞争，各城市都要争当年轻人的宜居之地，让全国各地的年轻人在当地结婚、生子、就业、投资、创业、发展都很方便。

第一点，地方政府要有一种"店小二"精神，不仅仅针对内资和外资，还要针对普通的年轻人。人口聚集之后，道路、桥梁等硬件基础设施要随城市发展而扩张，还有一些柔性的基础设施，比如医疗、教育等也应该大幅增加。

第二点，我主张一定要抢中国的年轻人，不要急于"请外援"。抢人大战，不能光为了统计数据上好看，把外国的年轻人大规模地抢进来。

第三点，中西部地区要因地制宜，不要盲目抢人。抢人的发展道路比较适合大城市以及有发展空间的城市区域，一定要因地制宜，根据自己的实际条件来做。

人才政策背后的民本主义政治经济学原理，简单来讲就是认为财富的源头是人而不是物，发展的本质是人的能力的提升，而不是物的堆积。技术进步正在导致人的消费比人的劳动更加重要，所以在我们这个时代，年轻人比资本更加有未来。

自由主义经济学家喜欢把"善待企业家"挂在嘴边，这话是有一定道理的。但问题是这种主张在操作实践中很容易变成善待有钱人，而不是善待企业家。企业家是做实事的，是能够承担风险、承担压力的；而有钱人只会挣钱。在现实中，会做事的未必有钱，反而会经常破产；而有钱人可能身无长技，却依然富得流油。所以全球信奉新自由主义的地区在实践中往往厚待有钱人，导致贫者愈贫，富者愈富，社会鸿沟逐渐扩大。

我主张在考核地方官员的时候应该加入人才发展的指标，考察本地出人才的情况，比如在一个任期里有多大的成才比例。所谓十年树木，百年树人，真正把生态环境维护好、把人才培养好需要长周期的努力，成效显现时，那时任职的官员很可能已经退休了，所以还要完善终身奖惩制度，当官员退休了之后，要表扬他当年取得的政绩，批评他曾经犯下的错误。

人民币国际化的机遇

2020 年以来，美联储加速扩张资产负债表，实行无底线的量化宽松，向世界征收"铸币税"，中国居民储蓄与外汇储备的相对购买力都受到损害。这本是一件令人悲痛的事，但是如果我们站在更宏大的意义上来讲，从更长的历史时期来看，我觉得美国政府的这种做法其实无异于授人以柄，为我们打开了一扇人民币国际化的机会之窗。

收割美元霸权

美元超发，给人民币国际化带来了收割美元霸权的绝好机会，虽然我们不可能一下子推翻美元霸权，但是完全有机会在美国持续扩张货币基础，向全球征收"铸币税"的过程中分一大杯羹。

当今有资格发行国际储备货币的经济体极少，目前为止全球主流货币市场上排名第一的是美元，占到全球市场份额的55% 左右；排名第二的是欧元，大约占 20%；排名第三和第四的是日元和英镑，二者基本上都稳定在 3.5%—4.5%；随着人民币国际化水平提高，人民币占全球货币指数的份额从 2011 年的 0.02%，变成了现在的大于 3%。

正常情况下，一个小份额的货币想要扩张份额是很困难的，但是现在出现了一扇机会之窗，因为美国人正在无底线地快速印钞票，这种行为给全球的储蓄者，尤其是全球的资产管理人和外汇储备管理人，都带来了一种心理上的冲击，迫使他们寻找更合适的、更多元化的资产；同时市场陷入恐慌，交易萎靡不振，货币乘数降低，流动性紧缩。在这样的背景之下，人民币可以跑出来"抢生意"，我们可以向全世界提供一个新的资产池——信用比美元更可靠，流动性比美元更强，所对应的实物资产也比美元更多。

具体来讲，比如我们未来可以发行特别国债，一部分用来给中国国内的老百姓提供就业和消费能力，另一部分发向世界各地，为缺乏美元的人提供人民币的流动性。原本由美国华尔街金融体系打造出的吸收全世界过剩储蓄、承担风险，然后投送到整个世界的资本循环，在危机期间完全停滞了。而储蓄资金的特点是厌恶风险而不在乎收益，只要高于主流货币基金的收益率，比如 2%，就会令人非常满意。所以我们要填补这个空白，吸收全世界的储蓄资金，主动承担风险，把这些资金贷给急需流动性的人，放贷时同样以人民币计价，从而获得存贷款息差。

在这个过程中我们会有所失：首先，我们会承担风险；其次，人民币汇率的波动性会扩大；再次，中国的金融市场会进一步开放，可控度会降低；最后，我们想要保住3万亿美元外汇储备的难度也会加大。但是我们也会有所得：第一，人民币的国际化程度，能够在未来一两年之内获得质的飞跃；第二，全世界大大小小的经济体跟中国经济与人民币的货币政策捆绑程度会大大加深。

再向美国投保，得不偿失

人民币国际化和与之伴随的资本项目放开，会不会给中国经济造成巨大的伤害，会不会带来无法承受的风险？打个比方，这就相当于在地球村里有资格开保险公司的只有一家半，一家就是美国，半家就是欧盟，它们用低价买入风险替人承担，等到出事的时候为人兑付。除了这一家半之外，家家户户都在投保，包括日本——它有1万多亿美元外汇储备，仅次于中国，而储备就相当于保费。以前中国是在地球村里面干"苦力"的，后来我们的买卖越做越大，现在已经成为地球村里最大规模的经济体了——虽然从GDP总量算，美国还比我们多，但是如果看真正可比较的部分，也就是可贸易品部分，中国已经远远超过美国了。在这种情况下，我们是不是还应该继续长期大额地向美国这家保险公司投保呢？其实是不应该的。第一，中国的风险一旦爆发，美国是兑付不起的；第二，美国是没有足够的意愿来给中国兑付的；第三，美国是地球村里唯一一家可以随意违约，而且违约之后，你还拿它没辙的企业。

所以，中国这样大的经济体，应该用我们实实在在的产业、财富的存量与潜在的增量，向地球村里其他的玩家提供一种新服务：中国也要开保险公司，而且人民币的兑付能力更强。美元的价值虚无缥缈，而人民币背后有中国各种各样的产能来支撑。比如面临新冠肺炎疫情的时候，在美国，你拿着美元不一定买得到口罩和呼吸机，但是在中国，你拿着人民币还是可以买到个人防护用品的。

中国银行约翰内斯堡分行副行长高德胜先生在探讨中国所持1万亿美元美债背后的深层逻辑时引述了我在《货币、权力与人》中的一段话：

"这背后是如何理解财富的问题，即究竟是将财富看作对物的占有，还是人的能力的提升？如果是前者，那么美元特权的确为美国社会带来巨量的财富，因为印制一张纸片，甚至电脑系统中敲一个符号，就可以直接获得他国的资源和制成品，从交易的角度来看的确是很合算的。但是假如是后者，即把财富看作人的能力及其结果，那么美元特权带来的美国人的能力结构的改变是巨大的，美国的可贸易部门被美元所挤压，或者说印制美元符号成为美国的最大可贸易品。这种'嚣张特权'对人的能力的挤出效应，从长期来看，必然蕴含着巨大的代价。"

关于美元对"美帝"实力的掏空，我在《中国为什么有前途》一书中已经详细探讨过了。未来，中国的人民币国际化需要找到一个适当的"度"，既要避免被人征收"铸币税"，避免为对手输血，同时又不能让金融业反过来挤压制造业，不能让人民币的系统性高估挤压中国年轻人的能力，不能让我们的孩子缺失长期竞争力。

我认为中国应该创设一个机制，要让世界各国相信，中国不会随意没收他国资产；要让世界各国相信它们的钱放在中国的金融市场上，除了核武器和导弹不能随便买之外，其他的想买什么都可以买到；要让世界各国相信，它们想把钱打进来就可以把钱打进来，想把钱拿走就可以随时拿走。从现在开始，在未来的一两年里，我们会看到美联储的资产负债表持续扩张，在这个过程中各种商品、各种资产的价格都会出现大幅震荡，人民币国际化将获得一个宝贵的机会之窗。所以从这个意义上来讲，中华民族伟大复兴的机会，其实就在我们眼前。

人民币成为避险资产

避险资产指的是价格比较稳定，不会随着市场变化产生大幅度波动的资产，市场发生冲击时，资金通常会涌入黄金、美元、瑞士法郎、日元等传统避险资产。可是在 2020 年疫情引发的市场恐慌中，各大传统避险资产不仅没能起到避险的作用，价格反而开始大幅波动，唯有人民币始终保持稳健。未来，随着人民币国际化程度的不断加深，人民币将成为最稳健的避险资产。

美联储救市为何帮倒忙

2020 年 3 月，随着新冠肺炎疫情的全球蔓延，国际金融市场兴起了一轮抛售浪潮，为了应对即将到来的全球金融危机，美联储大规模扩张基础货币，向市场投放流动性，可是美元指数却快速上升，黄金、瑞士法郎、日元、人民币等避险资产也惨遭抛售，种种怪象令人费解。

要解释这个问题，必须区别基础货币和广义货币。基础货币一般指央行资产负债表，是央行跟银行之间的信用关系，也就是"M0"（现金）和"M1"（M0+活期存款）；而广义货币是通常所说的"M2"，主体是银行存款信贷。在美国广义货币还指"M3"，即货币供应的总量，由于美国金融体制的特殊性，一般在货币政策中更关注广义的货币M3。中国老百姓经常说的钱紧不紧、缺不缺指的就是广义货币M2以及M3，包括存款、股票账户的保证金等。

基础货币和广义货币通俗地讲就是原浆酒和勾兑出来的散装酒，其中的比例关系被称为货币乘数。货币乘数的大小主要取决于央行存款准备金率的大小，两者之间是倒数关系。比如中国近些年的货币乘数大概是4，也就是说假如基础货币是30万亿元，广义货币M2就是120万亿元左右。美国的货币发行也存在类似的逻辑，但是比中国的情况要复杂一些，这是由于美国的金融体系发育得更加复杂，在金融市场中除了银行之外还有大量的非银行金融机构，除了银行信贷之外还有大量的金融衍生品。

为了挽救低迷的金融市场，美联储印了很多钞票，造成M0和M1也就是基础货币的快速扩张，但是基础货币的扩张，未必导致衍生出的M2、M3也同比例扩张。因为金融市场中产生了严重的恐慌情绪，导致金融机构尤其是大型商业银行不敢再把钱放贷出去，在这种情况下市场上的货币乘数减小、实际流通中的货币数量大幅减少，M2、M3紧缩。市场上货币的供给减少，但是需求并没有发生太大的变化，这就导致美元相对变得"更贵了"，美元指数也就随之快速上升，这并不是美国政府和美联储所乐意见到的情况。

避险资产为何不避险了

在新冠肺炎疫情的影响下，美股遭遇几十年不遇的大跌，股价突破了"熔断阈值"，全球大宗商品尤其是石油价格也大幅下跌，这些冲击导致了全球金融市场，尤其是美国金融市场上此前存在的各种高杠杆行为，即借债投资行为资金链的断裂，迫使金融机构主动抛售资产以获取流动性。美国金融市场上的ETF基金在2020年年初的时候存在大约3.5倍的杠杆；规模大的养老金基金、储蓄基金也在某种程度上存在暗含的份额杠杆，在基金创立早期的章程里把巨量的资金按5∶5进行风险配置，也就是50%放在无风险或者极低风险的长期国债中，另外50%去配置一些风险较高的高收益资产，比如股票。过去11年里美国股市的持续大涨，引诱这些大基金纷纷修改自己的操作规程，将风险资产配置比例从5∶5调整到8∶2，甚至有的机构在实际操作中达到了9∶1的比例。2020年3月以来，在遭遇市场大幅波动的打击之后，各大基金开始把章程重新修改回去，这种市场头寸的再平衡将对全球金融市场产生长期影响。

　　另外，美国的许多大企业都在过去的 11 年间发行了很多企业债券，借新债还旧债，以致在一些著名企业的资产负债表中净资产项目居然是负的，它们实质上处于资不抵债的状态。过去企业将这些借来的钱用于回购股票拉高股价，但是现在考虑到全球金融市场上流动性突然紧缩，为了避免未来一段时间资金链断裂，它们也需要提前准备足够的现金。

　　以上几个因素都导致金融机构抛售一切"风险资产"，即相对于美国国债来讲的一切风险资产。即便连正常情况下我们所认为的避险资产，比如黄金、日元、瑞士法郎，甚至现在新出现的避险品种人民币资产，也都在被大量抛售。

人民币是未来最好的避险资产

　　我一贯坚持人民币是未来最好的避险资产，我为何看好人民币的避险功能？从 2015 年开始，研究人民币汇率问题就应该重点看人民币兑一篮子货币的汇率，而不单单是兑美元的汇率。

　　2008 年全球金融危机爆发之后，在恐慌和混乱之中，当年秋季美元指数却出现过大约 20% 的大幅上涨，人民币在这一轮美元指数的大涨过程中表现出相对强势。这和中国股市表现出相对强势是一个道理，从绝对值上看 2008 年秋季上证指数在低位波动，但是相对于全球的股票市场而言走势非常强势，其他股市的跌幅普遍超过 30%，有的甚至达到 50% 以上，而 A 股只跌了不到 10%。人民币也是如此，单独考察人民币对美元汇率似乎是贬值了，但是如果看人民币兑一篮子货币的汇率，我们就会发现一个比较明显的上升过程，2020 年 3 月以来上涨了大约 4%，这是因为当美元指数暴涨的时候，几乎所有货币资产都出现下跌，而人民币是其中跌幅最小的货币之一，所以我们称之为避险货币。

从中国对外贸易的角度来看，对美贸易只占到中国对外贸易总量的百分之十几，大部分是对欧洲、东南亚以及世界其他区域的贸易。所以衡量人民币汇率水平，应该用人民币兑一篮子货币的汇率，比如中国外汇交易中心人民币汇率指数（CFETS 指数）。人民币汇率指数在 2020 年 3 月是明显上涨的，实际上在之前的 4 个月里，也包括过年那段时间，当全球各国还没有受到新冠肺炎疫情冲击，而中国正在遭受新冠肺炎疫情肆虐的时候，人民币汇率也是上涨的。

提升产业链的编辑能力

小到绣花针，大到原子弹，我们无所不产。但早在 2006 年我就提出了一个概念叫"产业链的编辑能力"，它指一国以本土市场规模和对核心生产要素的垄断为基础，按照自身利益的需要来主动调整产业的地理分布的能力。中国完善的工业体系与全产业链生产能力使我们成为世界第一制造业大国，但是中国未来的发展方向不是保持所谓的"全产业链"，而是要提升产业链的编辑能力，把持那些真正重要的、高附加值的岗位，在全球竞争的过程中获得优势地位。

全产业链制造业

中国之所以能够实现人类历史上最大规模、最快速的工业化，主要是因为我们主动承接了发达国家转移的制造业，虚心学习先进技术与管理经验。从 1992 年开始，中国的工业化道路就和日本、韩国不大一样。中国跟日本、韩国的相似之处是都以出口导向型的工业化为驱动，以强政府为主导，政府深度地参与工业化进程，大力投资基础设施；但是日本、韩国并不欢迎其他国家的产业投资，而是扶持本国的制造业企业。而中国在 1992 年到 2012 年之间则是向外国的企业，尤其是制造业企业提供优惠，实行税收减免、土地优惠，低估环境和其他方面要素价格，以吸引外资来华。这就好比金庸小说中的"吸星大法"，"主人公"中国和对手"世界资本主义体系"进行较量，正面硬拼打不过，就跟他抱在一起，把制造业的"内力"吸成我们的。20 多年中，我们付出了巨大代价，但也取得了巨大成功。

日本最初设计东亚生产网络的时候，提出了一个"雁行模式"：第一梯队是"头雁"日本；第二梯队是"四小龙"，也就是韩国、中国台湾、中国香港、新加坡；第三梯队是"四小虎"，也就是泰国、马来西亚、菲律宾、印度尼西亚；第四梯队才是中国大陆。在日本的设计之下，中国大陆的角色主要是东亚海洋性生产网络的原材料生产地以及商品倾销地。但是 1992 年邓小平南方谈话之后，中国大陆所发动的快速工业化浪潮，整个打乱了日本的"雁行模式"规划。

中国进入东亚供应链之后，最初做苦力、做低端产业，后来慢慢开始往中高端进发。我们不接受日本人、美国人给我们安排的外围低端工业国的命运，所以我们不断地自主研发，在全球供应链上，尤其是东亚地区内部的产业链上一段段地往上爬。本土品牌的崛起带动了本土的零部件供应商也大量崛起，使我们的产业链不断完善,最终形成了非常特别的中国全产业链制造业——从缝纫机针到原子弹、大飞机,我们都可以自己生产。

供应链通吃还是共生?

2015 年春,我在世界银行开会的时候,曾经听到印度尼西亚的贸易部长分享了这样一个观点,他说中国人是要通吃,本来是亚洲制造(made in Asia),也就是在东亚生产网络中合作生产,现在正在变成中国制造(made in China),越来越多的利润环节正在被中国占据。所以近年来,学界开始讨论一个新的概念叫"短链化",就是原本很长的国际供应链,现在参与到生产过程中的国家数目正在减少,生产链条逐渐变短,其中一个重要因素就是中国的崛起,我们正在把原本别人做的中高端买卖抢过来。

能不能通吃,或者说一个经济体在开放市场体系中间该不该保持通吃的状态?我个人是持否定态度的,虽然我们不能听从别人的安排,但是也不能违背经济规律。不同商品所蕴含的附加值是大不一样的,做智能芯片、电脑软件等高端技术密集型产业和做缝纫机针、普通服装等低端劳动密集型制造业所能产生的收益可以相差几十倍。而无论是哪个产业的生产商,在中国经营的时候，面对的都是同一个汇率与同样的要素价格水平。在这种情况下，如何确定我们的汇率水平和要素价格？在不同产业的利益中我们又要如何抉择？

许多人认为，低端制造业也能够创造就业，所以绝不让任何一个制造业企业外流出去。这其实是对中国就业人口结构的错误理解，中国的人口高峰早已过去，劳动力供给的总人数是在持续收敛的，未来制造业的劳动力成本还会进一步上涨。假如有一天中国攻克了所有被封锁的科技，能够自主制造所需的芯片、光刻机与大飞机，每年可以省下大约 4000 亿美元的外汇；再假如中国在电动汽车领域取得了重大突破，不再是汽车零部件的进口商，反而是电池、电机与整车的重要出口商，贸易顺差又会进一步扩大 3000 亿美元左右。也就是说，通过技术进步与产业升级，我们总共可以扩大 7000 亿美元左右的贸易顺差，这意味着人民币汇率将会迅速地升到 1：5 甚至 1：4.5 的水平，那么在这样的汇率水平之下，劳动密集型产品的生产商将毫无生存空间。

我们中国人是龙的传人，但不是属貔貅的，不能只"吃"不"拉"。在全球总需求增速偏低而供给能力较强，总体上供给相对过剩的"低需求"时代背景下，灵活运用产业链的编辑能力，可以造成其他国家对本国的不对称依赖，以便在地区甚至全球获得相对优势和权力。

我们必须对供给能力进行质的升级，高科技的产业要通吃，不能有被人"卡脖子"的事情；同时还要进行量的适度收缩，高污染、低附加值、劳动密集型的低端产业要适当地让别人去承担一部分。中国的经济安全不是来自保持对所有商品的自主生产，这反而是一种现代的"闭关锁国"，走封闭式经济、纯粹内循环的道路是没有发展的。中国未来的发展需要以内循环为主，内外两个循环相互促进，要主动迎接全球产业链，跟别人共生，在共生过程中获得优势，获得定价权，获得掌控力，所以我支持将一部分低端制造业转移到东南亚，但是绝对不能集中到同一个国家。

实际上，越南许多制造业的零部件是由中国大陆提供的，所以越南每向美国或者欧盟出口1美元的商品，里边有0.55—0.6美元的附加值由中国大陆的零部件供应商获得，所以从这个意义上讲，这部分低端制造业转移到东南亚对我们是有利的。但是如果转移到印度、墨西哥或者非洲，性质就不一样了，因为它们在地理上脱离了东亚生产网络，跟我们更多的是竞争关系，而不是一种共生关系。

东亚供应链的新龙头

我认为新冠肺炎疫情在东亚首先暴发，最终扩散到全球，对于中国并非有百害而无一利，客观上会提高中国的制造业强国地位与国际领导力，中国将成为东亚供应链的新龙头。

全球金融危机之后，整个东亚地区的政治经济格局发生了深刻变化，东亚地区生产网络的产出规模超出了北美和西欧之和。在疫情的考验之下，许多人担心东亚供应链断裂，很多政客也找到理由反对"中国制造"，主张进行产业的"去中国化"，或者至少"中国化 +1"。不过东亚供应链断裂得最早，因此恢复得也最快，人员往来也最早恢复常态；而西欧、北美这两大供应链恢复得比较慢，就导致许多东亚的供应商能够切入到西欧、北美的生产网络中间去，东亚供应链的重要性反而在疫情后得到了增强。

在 2015 年，中国的出口占全球贸易总额的比例曾经达到过 14% 的高位，随着一部分低端制造业迁移到越南、泰国、印度尼西亚等国家，中国的出口总额一度逊于美国；到了 2020 年的第二季度，中国的出口一跃占到全球贸易总额的 20%，稳居外贸第一大国的地位。而美国的经济规模虽然仍明显大于中国，但是由于危机救援以及老龄化等，联邦政府的债务余额 10 年内扩大了 4 倍，财力开始捉襟见肘。

中国融入东亚地区供应链中，而且反客为主，取得了中心、龙头地位，在地缘政治上产生了重大的影响——东亚地区开始出现了摆脱美国离岸制衡与羁縻政策的自立趋势。当年日本作为东亚地区生产网络领袖的时候，在政治上是非常软弱的，无力挑战美国在东亚地区的离岸制衡的地位，但是中国不一样，中国是一个独立自主的大国，不仅是地区性大国，而且是全球性大国。随着日本的地区首要地位被中国所取代，先是日本前首相鸠山由纪夫提出亚洲新道路理念，接着就是中国快速发展区域拒止能力，更令人振奋的是，在新加坡与河内两场地区多边外交中，美国代表团无不感受到，中国开始显示出同美国分庭抗礼的姿态，表现出的地区领导力令人刮目相看。

RCEP 协定的反制

《区域全面经济伙伴关系协定》（RCEP）是亚太地区规模最大、最重要的自由贸易协定，将近覆盖全球一半人口和 1/3 贸易量。自正式签署以来，各方积极推进 RCEP 的生效，2021 年 3 月 22 日中国已经完成 RCEP 的核准，成为第一个批准协定的国家。签署了 RCEP，对中国经济有多大影响，会对我们的产业结构带来多大冲击？

RCEP，来了！

第一点，先得给各位读者泼一盆凉水，RCEP 在短期内对中国经济的影响是比较有限的。虽然现在签署了协定，但是为了给各国的经济结构一个调整缓冲的时间，它还需要 10 年到 20 年才能逐步生效。比如在服务贸易领域，澳大利亚、日本、新加坡这些发达经济体一直采用负面清单管理，而中国这样的发展中国家还需要有一个缓冲过程。我们在这次协定里约定了 6 年之内逐步地从正面清单向负面清单转变，除了负面清单中明确列出的事情，其他活动"法无禁止即可为"。显而易见，采取负面清单之后，对各国政府的经济管制效率、管制能力，提出了更高要求。

第二点，RCEP有助于重塑东亚供应链。中国社科院对RCEP签订后的各国经济福利增长做了研究，结论是福利增长的影响比较有限，基本在1%上下，但RCEP真正的价值在于重塑东亚地区地缘经济体系。从东北亚一直伸展到东南亚的东亚供应链，已经成为全球最大的供应链，虽然它的总产出规模巨大，但它在全球经济循环中，仍然是依附于美欧消费市场和美欧主权债务体系上的生产区域，属于全球的外围地区。现在通过当今世界最大的自由贸易协定，把整个供应链体系捆绑起来，还加上了澳大利亚、新西兰，由中国、日本、韩国提供技术，东盟国家提供劳动力，澳大利亚、新西兰提供原材料，整个供应链体系就能构成一个相对完整的、巨大的经济体系。未来中国通过进一步再分配，通过经济进一步转型升级，中国的国内市场将会成为全球最大市场，弥补东亚供应链生产有余而消费不足的短板。

第三点，RCEP真正的看点在中日关系，尤其是中日经贸关系的进一步深化上。在过去的100多年里，日本通过"脱亚入欧"靠向海洋文明，借助西方工业文明的输入崛起之后一直试图扮演东亚领头羊的角色，但是它自身体量不够大，而且国家能力结构偏颇，对历史问题的认识也不到位，在过去50多年的屡次危机中始终没法扮演实质性的领头羊角色，最多只能作为美国利益在东亚的代理人。中日之间的经济融合一直存在许多的政治障碍，如今通过一个多边贸易协定，实质性地实现了中日之间的自由贸易，对东亚与世界都是极为有利的。

RCEP 包括的 15 个经济体的经济总量大约是 25 万亿美元，中国 2020 年的经济总量在 15.58 万亿美元左右，日本 5 万亿美元左右，也就是说中日两家的经济规模加总起来就占到整个 RCEP 区域经济规模的 80%，而中国的经济规模又是日本的 3 倍左右。从某种程度上说，RCEP 代表着日本即将回归亚洲，或者说回归到千百年来的正常位置上，也就是以中国为中心的东亚贸易体系中。

当然，中日和解只是走出了经济上的"第一步"。当前中日两国在政治和安全上的互信处于历史最低水平，根据皮尤研究中心（Pew Research Center）的调查，目前大约 90% 的日本人是不喜欢中国的。只有当中日之间在经济上、政治上、安全上都能够建立起深度的相互依赖的时候，我们才能看到曾经在 2014 年第四次亚信峰会上提出的"亚洲是亚洲人的"理念真正得以实现。

龟兔赛跑式的反超

2009 年，美国民主党总统奥巴马和国务卿希拉里提出要用《跨太平洋伙伴关系协定》（TPP）作为抓手来重返东亚，实现"东亚再平衡"。TPP 就是针对中国的体制特点与经济结构刻意设计的某种多边规则，目的是把中国从以美国为核心的世界市场体系里，尤其是东亚供应链里踢出去。从 2011 年到 2016 年，我经常参与中国的第二轨道外交，那段时间我时常感觉到焦虑和两难，因为 TPP 非常狠，表面上看只是一纸贸易协定，但实际上要么接受 TPP 的要求进行一系列在政治上难以接受的调整和改革，要么只好接受世界贸易体系的变化，自绝于整个东亚供应链。

所以从 2012 年开始，中国积极地加入东盟发起的"10+6"RCEP 谈判中。某种程度上 RCEP 是对 TPP 的反制，但是东亚地区实现了后发而先至；而拜特朗普所赐，TPP 相比而言却是"起了个大早，赶了个晚集"。特朗普在 2016 年大选过程中明确反对 TPP，并且用它来谴责希拉里，在当时的民意压力之下，希拉里也不得不站出来反对自己亲手制定的 TPP。2017 年，在 TPP 万事俱备，只等各国国会审批通过的时候，特朗普签署行政命令，美国正式退出了 TPP。

这样一出闹剧背后还是美国的民粹势力在兴风作浪，大量的美国中下层人民总觉得美国的政治经济精英居心叵测，为了自己发财把绝大多数人民的利益给"卖"了。他们认为以前同意中国加入世界贸易组织（WTO）就已经大大减少了美国劳动人民的工作机会，现在又要签订 TPP，美国的制造业将遭受更严重的打击。美国中下层人民对精英的不信任，迫使美国退出了 TPP。

美国退出之后，日本就扮演了一个临时看摊儿的角色，TPP 也缩水成为《全面与进步跨太平洋伙伴关系协定》（CPTPP）。日本一直想等到美国民主党总统上位之后再续前缘，重新把美国拉回 CPTPP，不过恐怕到那时中国人早已先下手为强，实现了龟兔赛跑式的反超。这缘于中国的制度优势，我们的政策延续性比较好，前任领导人确定下来的议程在后任大概率能得到延续；而在美国的政治制度之下，只要换了总统，尤其是换了不同党派的总统，就会把前任的政绩彻底否定掉。

所以如果中国能够早日把中欧投资协定落实，在拜登真正开始"干活"之前确定中日之间、中欧之间的大局，美国在过去 10 年试图通过多边协定把中国从全球经济体系里挤出去的图谋就很难成功了。如果未来美国政府继续执意走中美对抗之路，继续拉着盟友抵制我们，结局必然是作茧自缚。从这个意义上讲，我们今天所打造的 RCEP 以及积极推进的中欧投资协定，其实都是"以我为主"的外循环。

开放自信的大国心态

起初在 RCEP 的 "10+6" 谈判阶段，中国和印度这两个全球最大的人口大国都积极地参与，结果长跑七八年，最后只有中国留在了 RCEP 里，而印度临门一脚自绝于东亚经贸新体系。我认为这是国家能力的差距所导致的。国家能力并不是指某国家相对他国能做多少事情，或者能达到什么目的，而是指一个国家内部的国家机器对自身的社会、市场进行强势的利益再分配，从而调节内部不同的利益结构。这种打破僵局的决断力与领导力，源自一个社会所经历的革命和社会改造，也源自广大国民对中央政府的信任和依赖。印度在独立之后并没有进行必要的社会革命与改造，所以各种利益集团依然根深蒂固，也因此，穆迪在 RCEP 谈判的最后一年临门一脚退出了协定。

印度退出 RCEP 的时候，穆迪提到了甘地的护身符（Gandhi's Talisman），它是一种自治理念，主张小农经济般的自给自足与万事不求人。这种理念其实是跟工业文明、全球贸易体系与现代数字经济背道而驰的，是一种小农经济时代遗留下来的乌托邦空想。甘地没法提供实际的实现路径，也无法用现代的知识和治理体系来论证为什么这样一种自治、自立的状态就比积极融入世界市场体系要好得多，它更多的是一种政治理念、政治审美，而不是一种社会科学。某些落后的传统社会，在西方强势工业文明的冲击之下，遭受了百年屈辱，导致独立后政治上不够成熟，心理上不够自信，特别担心失去自我，拒绝接受先进者的游戏规则，这样一种逃遁避世的思想，在弱肉强食的丛林世界中，无异于慢性自杀，走上一条自我毁灭之路。

今天，中国跟印度在面对 RCEP 这种地区一体化进程时，态度是完全不一样的，中国更多地把它视为机遇，积极地去拥抱新机会；而印度则束手束脚，如履薄冰。印度要想真正自立于世界强国之林，恐怕首先要从思想上进行转变。

"一带一路"倡议的升级版

2013 年"一带一路"倡议横空出世，以中国古代对外开放的标志"丝绸之路"命名，依托沿线各国已有的双边、多边机制建立高效的合作平台与良好的伙伴关系，以和平与发展为主题共同打造人类命运共同体。这些年来，"一带一路"取得了一部分进展，也面临着一些挑战和风险。后疫情时代，逆全球化思潮来袭，世界经济衰退，民粹主义、保守主义势力抬头，"一带一路"倡议该如何发展？我们面临变革，也面临机遇。

民本主义政治经济学视角下的世界

在《货币、权力与人》这本书里，我探讨过民本主义政治经济学的基本理论逻辑，以及如何利用它来正确地认识我们所处的世界，即如何认识以下五组关系：

第一组关系是中心和外围的关系。在全球市场体系中，中心比外围更加重要，财富的创造在中心国家的创新活动中完成，整个中心能够对全球外围进行剥削，吸取资源。当原本的中心国家无法胜任的时候，整个体系就会慢慢抛弃它，去寻找新的中心，这个过程在《中国为什么有前途》这本书里边有比较系统的阐述。

第二组关系是公共部门和私人部门的关系。不同于自由主义经济学所传播的"企业家精神为大"的观念，在民本主义政治经济学的理论框架里，公共部门是本，而私人部门的繁荣是它的投影。一个理想的社会中，公共部门能够利用有限的税收为私人部门的繁荣提供足够的公共物品，所投影出的私人部门繁荣则会十分可观。

第三组关系是人和物的关系。自由主义经济学一直认为财富就是物的堆积，占有的物越多就是越富有；而在我看来"人"才是关键，是人的生产创造了财富。在新时代中国特色社会主义制度之下，我们不光有人的生产、人的消费，还有人的创新，三位一体才是财富的源头，而物只不过是财富创造过程中的必要工具而已。

第四组关系是可贸易品和不可贸易品的关系。可贸易品包括各类可以放到船上运出去的商品，也包括一部分服务，尤其是可以通过互联网进行跨境贸易的服务。在民本主义政治经济学里，我把可贸易部门定义为财富的生产机制，把不可贸易部门定义为财富的再分配机制。同样的东西在不同地方定价的差距主要取决于当地可贸易部门的盈利能力，当某国的可贸易部门拥有竞争力，能够创造很多财富时，当地就会繁荣，不可贸易品的价格就会上涨；反之则会缺乏财富的顺差，令不可贸易部门的利润降低。

第五组关系是主权债务扩张与经济繁荣的关系。1971年之后，人类生活在大国主权信用塑造的一个大泡泡之中，主权债务的扩张是全球经济繁荣和增长的必要条件。在无锚货币时代，美国就像印度神话中做梦的大神梵天一样，世界上的一切经济活动都是"美元之梦"中的幻影，当它情绪激动的时候，整个世界就繁荣；当它情绪低落的时候，整个世界就萧条。

从"美元之梦"到中国梦

改革开放之后，中国加入了"美元之梦"，进入了以美元为基础，以美国为中心的世界市场体系。中国大规模地招商引资，吸收西方的创新和资本，通过出口获得贸易盈余，再把盈余放进美欧的国债里积累对西方的债权，但这样的循环现在变得越来越不可持续了。"美元之梦"、新自由主义之梦做不下去了，至少有一半美国人民不愿意再坚持全球化的发展道路，最典型的就是特朗普获得了将近一半美国人民的选票，旗帜鲜明地支持逆全球化。与此同时，西方世界老龄化加剧，贸易保护主义思潮愈演愈烈，对"中国制造"的消费造成冲击，双方相互依赖的发展空间不断萎缩。

今后，中国要挺进世界舞台，成为全球的创新中心、主权信用的创造中心，中国的国债将成为全球价值的基准，中国人民的消费将成为全球最大市场，实际上从 2020 年第四季度开始，中国已经超过美国成为全球最大的本土市场。假如说以前中美之间互利共生，中国被纳入美元体系一起塑造了巨大的美元债务泡泡，就是中国生产，美国消费，中国持有债权，而美国通过不断印钱，来稀释我们的债权；那么未来我们要跟全球体系外围圈层的 50 亿人塑造一个新的债务泡泡，但是我们在新旧两个泡泡中间的地位是不一样的。在旧泡泡中间我们是债主，但是我们跟美国和欧盟之间的债权债务关系是用美元和欧元定价的，表面上我们好像挣了很多钱，但那不过是个错觉，因为它们可以通过无穷无尽的信用扩张来稀释之前的积累；但是在新泡泡中我们是价值基准的确定者，债务的定价货币会是人民币，我们要带领世界人民一起做人民币的中国梦。

自由主义发展经济学的失败

全球外围国家 50 亿人的贫穷源于何处？自由主义经济学认为他们的贫穷源自缺少资本，而从民本主义政治经济学角度来看不是这样的。这些国家的王公贵族有很多钱，明明当地利率高涨、资本稀缺，但是他们宁愿把钱存到瑞士、美国、中国香港，也不愿意放在他们富饶美丽的家乡投资，原因就在于当地缺少有效的公共产品来支撑当地市场的生产、消费、创新过程。绝大部分发展中国家都不是"强政府"，没有接受过"铁与火"的历练，所以要想帮助全球外围的 50 亿人发展起来，中国要以某种形式输出的就是建立强政府的经验和能力，换言之就是帮助他们实现国家治理能力和治理体系的现代化。当然了，我们不能去干预别国内政，也不能去诱导它们的政治变革。

自由主义经济学家往往以为中国跑到"一带一路"沿线国家去追逐人家的资源，我认为这种观点是极为肤浅的。财富的源头是人而不是物，我们追逐的其实是"一带一路"沿线国家充满活力、充满创造性、更充满消费欲望的年轻生命。我们到当地投资建厂，雇用当地的人民，当地老百姓的收入提高了，就可以购买我们的产品，我们再进一步把盈利用来投资和支付工资，形成商品和投资的良性循环，由此带动当地经济的繁荣。

在循环中我们必须吸取美国、欧洲曾经犯下的错误，我们需要其他民族的年轻人，但是只能让这些年轻人进入资本的循环、商品的循环与货币的循环，而不能让他们直接进入本国的社会生活。多种族、多语言、多文化的社会交融，最终会导致巨大的社会冲突，中国历史上的民族融合过程，既有经济互助，文化交融的多元并包，也有金戈铁马、桴鼓相攻的惨痛教训，而欧、美多元社会的尝试到目前来看也是不成功的。

走向世界大同的新秩序

基于以上分析，我个人认为后疫情时代升级版的"一带一路"倡议，应该具有以下一些特点：

第一，我们应该多投资，少放债。我们要多持有"一带一路"沿线国家的股权而不是债权，而且要用这种股权发展出一个以人民币计价的全球二级市场，带动全球的资本投资到"一带一路"建设中来。

第二，我们要多搞集中投资，少搞"撒胡椒面"的分散投资。集中投资可以进行主动的风险管控；分散投资表面上看分散了风险，但实际上削弱了对各地的支持力度。

第三，我们不光要帮"一带一路"沿线国家修路，还要帮助它们获得可贸易部门的繁荣。如果我们只是单纯地对各国的可贸易部门进行投资，让各国自己去"野蛮生长"，成功概率是很低的，因为当地的王公贵族已经尝试过了，它们的社会基本条件、政策组合是不足以支撑制造业的繁荣发展的。所以我们应该设立一些特区，通过长周期的国际合作建设一些工业化新城，在主权上归原国家所有，而治权归双方新设立的合资主体。我们为这些新城提供资本，提供治理模式、治理经验，提供全球最大的市场，相应地要有权在里边参与税收分配；当地国家提供土地资源，同样也有权从中获得税收的分配。新城里的居民要多元化,比如一个 1000 万人口的工业化新城里边中国人最多不能超过 100 万人,其余人口可能 300 万人来自巴基斯坦,300 万人来自印度,还有 300 万人来自埃及、也门等西亚国家。他们之间母语不通,但是可以共同使用中文交流,基于中国经验形成本地化的特色体制与政治、法律规范。它的好处就是我们不需要卷入各国复杂的内政中,而是通过国际协定来设立一些区域进行共同治理,使它们社会中原本过剩的那些年轻生命参与到全球分工中间。他们的劳动、他们的创造、他们的消费将带动全球经济的繁荣,使得整个世界经济的"蛋糕"能够做大。

到 21 世纪末,我们将在世界各地创造出 100 多个千万人口级的工业化新城,城中的居民将是多元的,肤色将是多彩的,英语与阿拉伯语来回切换,"咖喱"与"饺子"一同料理,届时地球村的居民将齐聚一堂,同命运、共繁荣。当然,这种构想多少还存在一种新的秩序,仍然不是世界大同的理想社会,但这就是世界的真相,我们所能做的就是使这个世界比原有的稍微好一点点,人类命运共同体的实现过程就是漫长而曲折的。